Vom Sekundenglück

Angelika Overath

Vom Sekundenglück brennender Papierchen

Wahre Geschichten

Libelle

Für Manfred

Inhalt

Vom Luxus, nicht erreichbar zu sein
9

I.

Galaxie und Gnade
17

Sehen mit dem Hundesinn
27

Orangenpapierchen
41

Die Buchstaben des Unsichtbaren
48

Vom Geist der Glocken
54

II.

Im Bellevue Palace der Zimmermädchen
65

Der Teppichboden
75

Das Abendmahl.
Ein postmodernes Familien-Triptychon
78

Die Angst
92

Beninesische Balancen
94

III.

Ana Blandiana. Engel können nicht verbrennen
115

Lenka Reinerová. Simultanes Prag
122

Annemarie Schwarzenbach. Spielarten des Verlorenseins
130

Arnold Kübler. Im Augenblick des Du
142

Gebrüder Enzensberger. Die guten bösen Buben
150

IV.

Die fremden Köpfe der Bali Aga
168

Mani. Lakonische Erkundungen
181

Stille Tage in Alagna
195

Nera Verzasca. Hommage an eine schwarze Ziege
204

Bretonischer Algenzauber
213

Von der Zeit der Silberfischchen
227

Bibliographische Notiz
236

Vom Luxus, nicht erreichbar zu sein

Wer ohne E-Mail-Adresse und Fax, gar ohne Anrufbeantworter lebt, macht sich verdächtig. Selbst unter gut meinenden Freunden steigt leises Beleidigtsein auf. Heimarbeitern gar, die sich so mangelhaft in ihren Stuben einrichten, bescheinigt der professionelle Sinn, sie seien einfach nicht erreichbar. Offensichtlich stimmt das nicht. Vielmehr wird mit dem Besitz moderner Kommunikationsmittel ebenso heimlich wie fraglos ein virtueller Bereitschaftsdienst eingeklagt, der keine kleinen Fluchten mehr kennt.
Selbst in den tiefsten Provinzen gibt es mittlerweile öffentliche Copy-Shops mit Faxgeräten und Internet-Cafés. Wenn es wirklich sein muss, kann jeder ihre Dienste in Anspruch nehmen. Dies sage ich meinen Freunden, die mich wegen ungenügender Vernetzung rügen. Die lächeln gleichzeitig über meinen Fleißappeal: Wie ein Schulmädchen hielte ich Termine ein und beantwortete Post umgehend, dann aber mit den langsamsten Medien. Eben, sage ich. Wo sitzt der Stachel? Warum reicht es nicht, dass ich eine Fernsprechteilnehmerin bin und meinen Briefkasten täglich leere?
Denn natürlich reicht das. Aber ein schwer verträgliches Spurenelement von Anarchie scheint darin zu liegen, zwar erreichbar zu sein – aber nicht in jedem Augenblick. Auch gilt es erstaunlicherweise nicht als Zumutung, sich selbstverständlich von einer Maschine nötigen zu lassen, auf einen Anruf zu antworten, den man nicht entgegennehmen konnte.
Es gibt, las ich in einem kürzlich erschienenen Berliner Szeneroman, Leute, die den Anrufbeantworter ein-

schalten, wenn sie auf die Toilette gehen. Wen dieses Bedürfnis drängt, der möge so handeln. Aber muss es einen drängen? Gehört es wirklich zu einem modernen Tabu, ein Mensch zu sein, der manchmal nicht da ist, ohne dass ein elektronisches Netz diese Abwesenheit auffängt?

Ein starkes Argument für die modernen Kommunikationsmittel besagt, dass sie Zeit sparen. Eine wundersam einfache Feststellung. Wenn man ihn nicht frage, was die Zeit sei, so wisse er es, erklärte der Kirchenvater Augustinus bescheiden, wenn er es aber erklären solle, so wisse er es nicht. Das Phänomen Zeit scheint komplizierter zu messen als in fließendem Sand oder springenden Ziffern. Zeitmangel bleibt ein anthropologisches Rätsel. Wenn jemand tagelang nichts getrunken hat, wird man ihm objektiv bestätigen können, dass er wohl Durst haben muss. Aber wie viel Zeit braucht ein Mensch?

Der Zustand, in Zeitnot zu geraten, ist für mich ziemlich genau vorhersehbar. Äußerst selten liegt es tatsächlich an der Menge der Arbeit, die sich ja einteilen lässt. Das jagende Empfinden, keine Zeit zu haben, beginnt meist dann, wenn Phasen der Konzentration abrupt und wiederholt gestört werden. Ein Telefonanruf übermittelt eine Nachricht nicht nur schnell und zeitsparend, zugleich unterbricht er etwas. Natürlich arbeiten wir nicht den ganzen Tag, sondern freuen uns, wenn jemand anruft. Der ständige Zwang aber, stets und sofort auf etwas ganz anderes reagieren zu müssen, zerstört auch – was immer das sein mag – die eigene Zeit. Warum darf nicht ein Teil der Konzentration privat, »der Herrschaft enthoben«, bleiben? Auch wenn ich als Journalistin für die Öffentlichkeit arbeite, bin ich angewiesen auf einen Schutzraum der eigenen Augenblicke.

Es geht nicht ganz ohne die Musen. Meine Freunde grinsen. Ohne das ruhige Warten. Sie nicken begütigend. Ohne die Langeweile! Jetzt prustet einer los. Ein Fax, ein Anrufbeantworter in meiner Wohnung, das wäre die Gewalt der Masse, der Einbruch der Straße, japse ich. Sie lächeln nachsichtig: Faxweiche mit Speicher! – Ich will kein rotes Blinklicht neben meinem Schreibtisch, zische ich zurück. – Ach, sagen sie sanft und greifen nach der melodisch einsetzenden Sirene eines Handys. Ich weiß, dass ich verliere, und knurre im Rückzug etwas von der langen Leine der Anwesenheitspflicht, dem elastischen Käfig der jederzeit einklagbaren Aufmerksamkeit, den autoritären Kanälen der Vernetzung. Und räume kleinlaut das Feld.

Walter Benjamin hat den modernen Großstadtmenschen bei Baudelaire interpretiert als einen Einzelnen, der in der unübersehbar auf ihn einströmenden Menschenmasse sich beständig vor Reizen schützen muss. Aufgrund der Geschwindigkeit und der atomisierten Unverständlichkeit vieler Abläufe in der Metropole ist der humane Wahrnehmungsapparat zunächst überfordert. Die Seele muss sich wappnen gegen alles, was ebenso unvorhersehbar wie ungewollt auf sie einströmt. Eine jüngere Interpretation dieses Phänomens findet sich bei dem Soziologen Erving Goffman. Auch er sieht die Fortbewegung in der anonymen Masse ursprünglich als eine Zumutung an. Andauernd strömen Fremde, mit denen wir nichts zu tun haben und die uns auch künftig nicht interessieren werden, an uns vorbei. Wir behelfen uns, so Goffman, mit einer eintrainierten Haltung »höflicher Nichtbeachtung« (civil inattention). Damit bewältigen wir die Kränkung, unablässig für einen Moment mit Unbekannten in Blickkontakt treten zu müssen.

Seit Baudelaire hat sich der Kontaktzwang ins Unabsehbare verstärkt. Auch wo die moderne Übermittlungstechnik den Blickwechsel vermeidet, klopft die Welt bei uns an wie ein rasender Puls. Auf vielen Gebieten verschob sich der Ansturm der anderen vom Visuellen ins Akustische; damit wurde er nicht diskreter.

Warum sich dem aber aussetzen, wenn es nicht unbedingt nötig ist? Paris kann ich nicht ändern; die Atmosphäre an meinem Schreibtisch schon. Ein Telefon darf klingeln; es lässt sich auch abstellen. Nichtreagieren bedeutet – völlig wertneutral und ohne dass eine Erklärung, eine Entschuldigung gar, nötig wäre –, man ist nicht zu Hause und kann deshalb die Botschaft nicht empfangen. Kinder, die etwas ausrichten sollen, haben gegenüber einem Anrufbeantworter den unschätzbaren Vorteil, dass sie vergessen können. Ein Umstand, der auch dem Anrufenden bewusst ist. Ein Brief kann verloren gehen. Ein Fax aber dringt jederzeit ungehindert in die Privatsphäre ein, ob ein menschlicher Empfänger zu empfangen bereit ist oder nicht. Wie der gleichzeitig hetzende und immobile doppelte Igel kann es immer schon da sein. Und mit der Sicherheit ihrer technischen Reproduzierbarkeit darf die Stimme auf dem Anrufbeantworter den gewünschten Rückruf einklagen. Ich habe wenig Lust, mehr »höfliche Nichtbeachtung« oder auch »kultivierte Ignoranz« oder »zivile Unaufmerksamkeit« einzuüben als unbedingt nötig. Denn schon berufsbedingt bin ich neugierig und gerne aufmerksam. Ist es so unbescheiden, entscheiden zu wollen, wann ich mich auf etwas einlasse? Und wann nicht?

Ich liebe die Stunde des Briefträgers. Er kommt zwischen 12 und 13 Uhr; ein guter Teil des Arbeitspensums ist erledigt. Der Mann im Dienst der Nachricht bringt die überregionale Tageszeitung und Briefe, die,

je nachdem wo sie geschrieben wurden, einen oder auch mehrere Tage unterwegs waren. Sie beziehen sich auf Dinge, die noch weiter zurückliegen oder erst projektiert werden. Sie kommen aus einem Raum der Zeit und geben auch mir Raum für die Antwort. So lindert der Postweg die Aggressivität des Zugriffs auf die Person. Denn anders als das klassische Telegramm aus Kindertagen, das teuer war und deshalb nur die extreme Botschaft brachte, kann ein Fax jeden Augenblick die Aufmerksamkeit beanspruchen, ob es nun ein Sonderangebot notiert oder die Nachricht, die das Leben ändern wird. Und da es fast keine Zeit kennt, da zwischen Produktion und möglicher Rezeption Sekunden liegen, suggeriert es unnötigerweise die Notwendigkeit schnellen Reagierens.
Aber ist das, was zu sagen ist, wirklich immer so eilig? Menschen, die unmittelbar zusammenleben, müssen selbstverständlich spontan aufeinander reagieren können. Die modernen Kommunikationsmittel aber erlauben ein Gespräch von Weltbewohnern, die sehr weit voneinander entfernt ihrem sehr unterschiedlichen täglichen Leben nachgehen. Nicht alle von ihnen müssen Börsenkurse verhandeln. Sie werden zur rasenden Kommunikation nur dadurch verführt, dass sie technisch machbar ist. Leicht entsteht ein kommunikatives Rauschen, das seinen Grund schon weit hinter sich gelassen hat. Wir können mit tragbaren Funktelefonen überall alles sofort hören. Wir hören, dass wir uns hören, und dürfen wissen, dass darin schon die globale Nachricht besteht. Zuhören und Verstehen hingegen bleiben private, intime Rezeptionshandlungen. Sie reiben sich mit einer Kommunikationstechnik, die sich täglich steigern lässt. Zuhören aber kann man nicht schneller.
Briefe reisen auf denselben Wegen wie Menschen. Sie

bringen einen Text und legen zugleich symbolisch die Strecke zurück, die der Schreiber selbst nicht zurücklegen konnte. Der Brief ist ein Realsymbol der Distanz. Im Unterschied zu einem Fax, das uniform aussieht, trägt der Brief Spuren seiner Reise: Briefmarken, Stempel, leichte Verschmutzung, Fingerabdrücke, Knicke. Er vermittelt uns unabhängig von seinem Inhalt, dass er zu uns von mehr oder weniger weit her unterwegs war. Das Telefon, die E-Mail, das Fax hingegen täuschen eine Nähe vor, die letztlich immer enttäuschen muss. Der andere, der unmittelbar mit uns spricht, bleibt abwesend. Auch die perfekteste Kommunikationstechnik kann die Anwesenheit der Person nicht ersetzen. Wir sind nicht nur über Worte da. (Wenn wir auch ohne Worte anders da wären.)

Der Piep-Ton, der mich zum Sprechen auffordert, verschlägt mir jedes Mal die Sprache. Mir fallen dann Menschen ein, die nicht mit Photographierapparaten aufgewachsen sind und die sich eine Scheu vor dem eigenen Bild leisten. Ich habe meine Stimme gerne bei mir, vielleicht wie einen unsichtbaren Schatten, der noch schützt. Auf Tonträgern festgehalten, sagt sie etwas, während ich zu dieser Zeit ganz anderes denke und spreche. Auch die Handschrift ist intim, sie trägt die Empfindungen und den Rhythmus einer Person. Aber im konservierten Atem liegt etwas Erschreckendes.

Es ist jedermann möglich, weltweit auf Anrufbeantworter zu sprechen und sich dann vorzustellen, wie vielleicht gleichzeitig auf den verschiedenen Erdteilen seine eigene Stimme spricht. Sein Odem ist dann überall, als sei er virtuell geklont. Das erinnert an die Allgegenwart Gottes. Gott ist das Prinzip der absoluten Kommunikation. Wir aber sind nur einmal da, an einem Ort, auch wenn moderne Datensysteme anderes

versprechen. Es ist vermutlich ziemlich anstrengend, zu sein wie Gott. Es kann aber schön sein, sich und die Zeit zu vergessen, gemeinsam an einem Tisch, bei einem Gespräch.
Heftig nickend verschwinden meine Freunde in der Küche. Ich höre, wie sie die Weingläser verteilen und großzügig beschließen, mich mit einem kostengünstigen Internet-Zugang zu überraschen.

I.

Galaxie und Gnade

Den ansteigenden Weg zum Astronomischen Institut der Universität Basel an der Venusstraße säumen die Milchkühe eines in der Nähe ansässigen Gehöftes. Wer zur Sternwarte möchte, muss sich durch eine wiederkäuende Galaxie bewegen. Die Tiere mit den unergründlichen schwarzen Augen schauen auf und ahnen nicht, dass ihr Anblick an das Universum erinnern kann.
Von seinem Büro im ersten Stock aus bemerkt er die galaktische Gesellschaft der Gefleckten nicht. Aber er ist sich sicher, dass die Welt letztlich so ist, wie man sie sich vorstellt. Der Mensch lebe nicht mit Zahlen, sondern mit Bildern. Und manche seien versöhnlich. Sein Blick geht durch die Laubbäume des Institutsgartens in einen stahlblauen Oktoberhimmel, auf dem grauweiße Wolkenschleier vorbeiziehen. Wenn es aufklart, werden heute Nacht Jupiter zu sehen sein und Saturn. Privatdozent Dr. Bruno Binggeli ist ein Mann von fünfundvierzig Jahren. Er ist Astronom und Dante-Leser. Er hat mit den avantgardistischen Teleskopen in Kalifornien und Chile gearbeitet, die unter einem Himmel stehen, der mindestens 250 Tage im Jahr völlig klar ist. Von 1988 bis 1990 aber war er am Observatorium in Florenz; er wollte seine italienischen Sprachkenntnisse verbessern, um die »Göttliche Komödie« im Original verstehen zu können.

> Es war inmitten unsres wegs im leben
> Ich wandelte dahin durch finstre bäume
> Da ich die rechte strasse aufgegeben.

Der diplomierte Physiker, promovierte und habilitierte Galaxienforscher hat im Sommer 1995 in Basel seine Antrittsvorlesung über ein Thema gehalten, das der Fachwelt, gelinde gesagt, sonderbar erschienen sein muss. Er sprach über Weltentwürfe und vertrat die These, dass der moderne Kosmos, wie er sich nach der Theorie des Urknalls darstellt, in verschiedenen Aspekten wieder große Ähnlichkeiten mit dem mittelalterlichen Weltbild aufweist. Der Urknall, der eine Raum-Zeit öffnet, bildet einen sphärischen Horizont, unter den der Mensch sich eingeordnet wissen kann. Im Unterschied zu neuzeitlichen Vorstellungen, die die Erde und den Menschen verloren in einem allseits offenen Raum zeigten, nähere sich das moderne Bild des Kosmos wieder der Idee einer bergenden Weltglocke an. Denn das Universum, mag es vielleicht auch unendlich sein in seiner sich fortsetzenden Ausdehnung: es hat doch einen Anfang. Damit rücke der Mensch erneut in ein Zentrum. Er steht unter einem Beginn, dem er sich forschend annähern kann. Astronomen seien demnach vielleicht die wahren Nachfolger Dantes. Sie durchschritten das Dunkel menschlicher Verlorenheit und näherten sich, auf dem Weg zurück zum Urknall, der Schau einer kosmischen Harmonie.

> Ein licht ist in den oberen revieren
> Das unser schöpfer denen all bereitet
> Die ganz in seinem anschaun sich verlieren.

Er habe das Glück, sein Zimmer mit dem Himmelsatlas zu teilen, erklärt der Astronom. Der enge Raum ist voll gestellt mit Tischen und Regalen und erinnert an ein gepflegtes Depot für Hausratverwertung. Ein Atlas ist nicht zu sehen. An der Wand hängt ein Plakat mit der Darstellung des Sonnensystems. Der Stern Sonne und ihre neun sie umkreisenden Planeten, darunter die Erde mit ihrem Mond, sind in ihrem Größenverhältnis zueinander erfasst. Diesem Plakat korrespondiert eine großformatige Bleistiftzeichnung. Sie hält ein entsprechendes Bild fest, in einer unvorstellbar riesigeren Dimension. Die Bleistiftzeichnung zeigt etwas, was auch durch das modernste Teleskop nicht zu sehen ist: Das Verhältnis unserer Heimatgalaxie Milchstraße, die (neben dem Sonnensystem) noch aus etwa 100 Milliarden Sternen besteht, zu ihren Nachbargalaxien.

Bruno Binggeli, der schon als Bub im aargauischen Fricktal nachts aufstand, um durch ein selbst gebautes Fernrohr die Planeten der Sonne und den Mond, wie er sich um die Erde dreht, zu beobachten und – was er sah – minutiös nachzustrichen, zeichnete nun aufgrund von modernsten Teleskopaufnahmen die uns umgebenden Galaxien. Er strichelte und punktierte, verwischte und konturierte den Andromedanebel, dann die Spiralgalaxie M33, die Große Magellan'sche Wolke LMC, schwächer sichtbare stellare Zusammenballungen mit den Siglen SMC, NGC6822 oder IC1613. Seine leichten grauen und schwarzen Bleistiftschraffuren auf dem weißen Papier repräsentieren in wissenschaftlicher Exaktheit Größenordnung und Konstellation von Sternengesellschaften, die unvorstellbar weit in der Tiefe des Weltraums von uns entfernt sind. Und das Medium Photographie, das vor dem ungeheuren Original des Universums versagte, konnte vor dem Papier etwas Verblüffendes leisten: einen paradoxen Zugewinn an Aura durch die technische Reproduzierbarkeit. Auf dem Negativfilm nämlich leuchteten die schwarzen Bleistiftstriche weiß wie stellares Licht, während das Weiß des Papiers in ein Dunkel abkippte wie in die Tiefe des Raums. So öffnet sich ein anschaulicher Blick in einen unanschaulichen Großraum von Galaxien.

Während ich vor der Zeichnung staune und sie mit dem Photo vergleiche und schon vergessen habe, was der Astronom meinte, als er sagte, er teile sich diesen Raum mit dem »Himmelsatlas«, öffnet Bruno Binggeli einen deckenhohen Schiebeschrank. Als sähe man in den Bauch eines Riesenbuches, hängen lappige Folienblätter lamellendicht und nummeriert in übereinander montierten Registraturen. Es müssen viele tausende sein.

Hier, sagt er, das ist der südliche Nachthimmel, und dort, jetzt reißt er die rechte Schiebetür zurück, das ist der Norden. Er nimmt einen der Lappen heraus und legt ihn auf einen Leuchttisch. Die hell-gräuliche Folie mit den dunkel-gräulichen Einsprengseln wird von unten angestrahlt. Fliegendreck, denke ich, Stockflecken.

Einzelsterne, sagt er, Zwerggalaxien, planetarischer Nebel, und diese hellen Schlieren sind Staubwolken, und dort diese Schatten: leuchtendes Gas. Er gibt mir eine Lupe, die das graue Gekrümel noch etwas vergrößert. Toll, sage ich und lüge. Ja, sagt er, er könne Stunden über diesen Platten sitzen und immer wieder neue Zwerggalaxien entdecken, diese einfachsten Systeme, Grundbausteine des Alls, Staub und Sterne. Ich nicke mit falschem Lächeln und fasse die helle Negativfolie mit den dunklen Stellen an. Wenn man bedenke, fährt er fort, wie viele tausende von Objekten auf so einer Platte zu erkennen seien, dabei sei das ja nur ein kleiner quadratischer Himmelsausschnitt. Wie klein? frage ich. Sechs Grad, sagt er. Belichtungszeit etwa eine Stunde.

Vor dem Fenster verwandelt sich das Stahlblau in ein dämmerndes Indigo. Ein Daumen, sagt der Astronom, am ausgestreckten Arm gegen den Himmel gehalten, habe etwa die Breite von einem Grad. Einem Bildausschnitt von einem Sechs-Grad-Winkel entsprechen dann in etwa sechs Finger breit gegen den Himmel gehalten. Hand-an-Hand-an-Hand-an-Hand, denke ich, bis der ganze Himmel erfasst ist. Der alte Schrank enthält einen ungeheuren Schatz. Ein Schatz, sagt der Astronom, der nicht gehoben werde. Dabei wäre es doch schon ein Ziel, diesen Himmel in dieser Klarheit und Schärfe zur Kenntnis zu nehmen, ihn auf sich wirken zu lassen, ihn anzuschauen. Er denke dabei auch an ein gleichsam erkennendes wie ahnendes Anschauen im Goethe'schen Sinn. Er lacht. Was er hier betreibe, werde in seiner Wissenschaft am Rande gerade noch geduldet. Man könne heute das Weltall mit elektronischen Detektoren abgrasen. Am Ende habe man eine Maschine, die den Himmel in Zahlen verwandelt. Aber was sagten sie letztlich? Eine photographische Platte gebe doch zumindest noch einen Eindruck von der Tiefe des Himmels. Wie tief? frage ich.

Im Dezember 1995 startete Bob Williams, der Direktor des »Space Telescope Science Institutes«, einen bis dahin nicht unternommenen Versuch. Er beschloss, die ganze, ihm als Direktor zustehende kostbare Beobachtungszeit am Hubble-Weltraumteleskop für eine einzige Aufnahme zusammenzulegen. Das Weltraumteleskop war 1990 mit Space-shuttle auf eine Erdumlaufbahn gebracht worden. Es ist benannt nach dem legendären Astronomen Edwin Hubble, der in den zwanziger Jahren erkannte, dass das Universum nicht, wie bis dahin angenommen, ein Universum der Sterne ist, sondern eines der Galaxien. Hubble war es auch, der als Erster die Expansion des Universums beobachtete.

Innerhalb von zehn Tagen sollte nun erstmals ein winziges Himmelsfeld im Bereich des Großen Bären während insgesamt 152 Stunden belichtet werden. Das Ergebnis war das »Hubble Deep Field«, die bis heute tiefste vorliegende Himmelsaufnahme. Auf einem Winkelausschnitt von 2,5 Bogenminuten, das entspricht etwa der Fläche einer abgemalten Buntstiftspitze, am ausgestreckten Arm gegen den Himmel gehalten, entdeckten die verblüfften Astronomen etwa 3000 Galaxien. Sie stammen aus allen Epochen der kosmischen Geschichte. Wie tief also?

Der Astronom in den robusten Sportschuhen und Jeans steht auf und tritt ans Fenster, in dessen Nachtschwarz ein gelbliches Großstadtlicht steigt. Wegen der Endlichkeit der Lichtgeschwindigkeit, sagt er, sehen wir alle Himmelsobjekte in der Vergangenheit. Wir sehen den Mond, wie er vor einer Sekunde war, die Sonne so, wie sie vor acht Minuten war, Jupiter wie vor etwa einer Stunde. Indem wir in die Tiefe schauen, blicken wir in die Vergangenheit. Astronomie ist Geschichtsforschung, und Teleskope sind unsere Zeitmaschinen.

Er legt seinen jüngsten Aufsatz mit einer Farbphotographie des »Hubble Deep Field« auf den Tisch. Auf der vielfarbigen Photographie erscheinen winzige Lichtfigurationen. Die ältesten von ihnen, die Protogalaxien, haben ihr Licht vor über 10 Milliarden Jahren losgeschickt. Wir sehen sie möglicherweise in ihrer Geburtsphase, 1 bis 2 Milliarden Jahre nach dem Urknall. Weiter zurück als in die Frühzeit der Entstehung von Galaxien können wir nicht sehen, weil da nichts ist, was sichtbar wäre. Aber wir können weiter zurück »hören«. Im Mikrowellenbereich nehmen Astrophysiker den Nachhall des Urknalls als ein entferntes Hintergrundrauschen wahr.

Und sie können zurückverstehen. Es ist der theoretischen Physik heute möglich, sich mit Erklärungsmustern dem Urknall bis zu einem absurden, aber entscheidenden Milliardenbruchteil einer Sekunde zu nähern. Der Prozess der Entstehung des Universums ist die Entwicklung von einem ungeheuer dichten, heißen, energischen Ausgangszustand hin zu einer heute noch fortdauernden Abkühlung und Ausdehnung. Erst nach etwa 100 000 Jahren kam es zur Entstehung der ersten Atome, nach 2 Milliarden Jahren zur Bildung erster Galaxien. Der Anfang des Anfangs aber ist bis heute unverstanden. Er bleibt für den Astrophysiker wie für den Flaneur, der fragend in den Nachthimmel sieht, ein Wunder.

Die schönheit die ich schaute überfliesset
Gewiss nicht unser maass allein – ich merke
Dass nur ihr schöpfer völlig sie geniesset.

Für die Physik ist das Universum heute ein wunderbares Großlabor. Im Weltall stehen riesige Versuchsbedingungen bereit, die für die Elementarteilchentheorie unverzichtbar und künstlich nicht herzustellen sind. So lassen sich etwa Gravitationskräfte bei den Bewegungen von Sternenpaaren über Jahre hin ideal verfolgen. Astronom Binggeli mag sich mit dem Gedanken nicht befreunden, dass das Weltall nur dazu da sein soll, um Physik zu betreiben. Sein Interesse als Astronom ist an die Kant'sche Korrespondenz gebunden, wie sie die »Kritik der praktischen Vernunft« von 1788 festhält: »Zwei Dinge erfüllen das Gemüt mit immer

neuer und zunehmender Bewunderung und Ehrfurcht […]: der bestirnte Himmel über mir und das moralische Gesetz in mir.« Manchmal operiert er auch mit der Terminologie des Psychoanalytikers Jung, wonach sich unser irdisches Dasein als »Ich« fassen ließe, unsere Eingebundenheit in das Universum aber als »Selbst«.
Wir gehen durch den nächtlichen Garten in einen nahe gelegenen Unterrichtspavillon, wo zwei Assistenten an Computern arbeiten. Verlegen, wie brave Eltern, deren Kinder Comics lesen, bittet er sie, mir einige der digitalisierten Hubble-Weltraumbilder zu zeigen. Über die world-wide-web-Adresse http://oposite.stsci.edu/pubinfo/subject.html kann jeder sie aufrufen. Wir sehen kleine Menü-Fenster, Pfeile, Menü-Fenster. Der Computer arbeitet. Schließlich erscheinen in rosa Schleiern zwei kollidierende Galaxiengebilde und kleine blaue Sterne. Diese Sterne seien noch sehr jung, sagt der freundliche Assistent, nur einige Millionen Jahre alt. Das nächste Bild zeigt zwei bunte Gassäulen und die Geburt eines Sterns.
Nun Jupiter?, fragt der Assistent, aber Binggeli schüttelt den Kopf. Das solle er doch bitte sein lassen. Den wolle er nachher in der Sternwarte am Himmel zeigen, und da käme er ja nicht so gut raus. Beide lachen, als sei es nicht ernst gemeint. Der Assistent klickt weiter. Wir sehen die abgestoßene Hülle eines sterbenden Sterns. Ungefähr so wird in ungefähr acht Milliarden Jahren unsere Sonne verglühen. Wir sehen Spiralnebel-Landschaften in allen Spektralfarben. Durch Bildmanipulationen, die störende Strahlungen wegnehmen können, sind exakte Lichtmessungen an den Objekten möglich. In Ausschnittsvergrößerungen zoomen wir uns immer tiefer hinein in die Nacht des Universums auf dem Bildschirm, wo Galaxien so leicht

handhabbar sind wie menschliche Organe auf dem Seziertisch.

In der Sternwarte ist es kalt. Durch die aufgeschobene Drehkuppel reicht das Linsenteleskop in das unruhige Großstadtdunkel. Winzige zitternde Himmelslichter sind zu sehen. Das hier sei Romantik, sagt Binggeli, etwas für Hobby-Astronomen. Heute arbeiten die hoch empfindlichen Spiegelteleskope in menschenfreien isolierten Räumen mit Kameras. Der beobachtende Astronom sitzt in einem anderen Zimmer und hat den Stern im Fadenkreuz. Arbeitet er gar mit dem Hubble-Weltraumteleskop, bekommt er seine Bilder alle paar Monate mit der Post.

Wir stehen jetzt hier und gucken echt. Mit klammen Fingern wird das Dach weiter aufgedreht, das Linsenfernrohr auf ein Licht, das der Astronom Jupiter nennt, eingestellt und fixiert. Ich steige die Leiter hinauf, sehe durch das Okular und sehe nichts. Jetzt liegt die Scham bei mir. Es brauche etwas Übung, höre ich. Dann sehe ich Jupiter und seine vier Monde und seine zwei Bänder, und auf dem oberen Band ahne auch ich vielleicht einen Wirbelsturm als einen winzigen hellen Schatten. Auch Saturn mit seinem schönen Ring lässt sich betrachten, so, wie er vor einer Stunde war.

Draußen dann über dem Garten steht Wega hell am Himmel. Mit Händen und Fingern gegen den Himmel nebeneinander gelegt, erkenne ich das Sternbild des nach unten fliegenden Schwans mit dem Stern Albireo als Kopf, und ich sehe die Leier.

Wenn man wolle, sagt der Astronom unvermittelt, könne man den Begriff der Gnade mit der Quantenphysik in Einklang bringen. Ich räuspere mich. Der Spezialist für Zwerggalaxien hat immer wieder in spielerischem Ernst den Dante'schen Kosmos mit dem modernen Weltall verglichen: die Sphären antreiben-

den immateriellen Engel mit den Photonen; die Kraft des Bösen mit der Gravitation; die Hölle mit einem alle Materie verschluckenden ominösen »Schwarzen Loch« und das »Primum Mobile«, die äußerste Sphäre des mittelalterlichen Kugelschalenmodells, mit dem Urknall. Er schlug höflich Parallelen vor zwischen der Dante'schen Vorstellung der Dreieinigkeit und den Erklärungsversuchen der modernen Physik, die Grundkräfte – Gravitation, Elektromagnetismus und starke und schwache Wechselwirkung – auf eine einzige, alle andern enthaltende Kraft zu reduzieren.
Warum Gnade?, frage ich. Weil sie funktioniert, sagt er. Die Quantenphysik funktioniere, als ein Erklärungsmodell. Aber zu verstehen, letztlich zu begründen, sei sie eben nicht. Dann verlassen wir das Gelände der Sternwarte. Über der Venusstraße hinunter nach Basel liegt der leise Geruch von Milchkühen, die nun schlafen.

Die Dante-Zitate sind entnommen aus: Stefan George, Werke – Ausgabe in 2 Bänden, Düsseldorf und München [3]1976, Bd. 2: Dante: Die Göttliche Komödie, Übertragungen, S. 9, 136, 139.

Sehen mit dem Hundesinn

Die Bedeutung unseres Wortes »sehen« ergibt sich aus der Verwandtschaft mit dem lateinischen »sequi«: folgen, dem altindischen »sácaté«: begleiten, und dem lettischen »sekt«: folgen, spüren, wittern. Etymologen gehen davon aus, dass dem Wort »sehen« ein alter Jagdausdruck zugrunde liegt, der sich einmal auf den verfolgenden, spürenden Hund bezog. Der Hund wusste mehr als sein Jäger und zeigte ihm den Weg. Unser »Sehen« bewahrt demnach einen frühen Hundesinn. Und in einem Blindenhund ginge das Wort auf seinen Ursprung zurück: eine archaische Orientierung, ein altes Sehen auf Pfoten mit Ohren, Augen und Nase.

Eine Schule für Blindenführhunde ist kein Wörterbuch, ihre Ausbilder sind keine Linguisten. Und auch wenn das Wort für Sprachromantiker hier Fleisch geworden ist, sind die acht Labrador-Retriever-Welpen der Hündin Zaira, die in ihrer Wurfkiste glänzend schwarz auf einer weißen Fellimitatdecke liegen – schläfrig gebogen oder gähnend gestreckt –, weit davon entfernt, mit Buchstaben verwechselt zu werden. Nicht nur weil sie anders riechen.
Der Fressschüsselring aus Metall, der jetzt hereingereicht wird, ist ein Signal: in die schwarzen amorphen Wesen kommt die Kontur von Muskeln und Begierde. Während die Ersten schon neben Zaira stehen und mit den Zungen im Brei arbeiten, torkeln andere noch an die strapazierten Zitzen des Muttertiers und beginnen dort, schmatzend zu schlucken. Zaira kennt das, es ist

ihr sechster und damit letzter Wurf. Bald darf die Zuchtmutter in Pension.

Die bekannteste und älteste Schweizer Blindenführhundschule von europäischem Ruf liegt in Allschwil, einem mit der Straßenbahn leicht erreichbaren Vorort von Basel an der französischen Grenze. Seit 1972 bildet sie Hunde für Blinde und Sehbehinderte aus. Zunehmend legte die Schule Wert auf eine eigene Hundezucht. Die letzten Jungen der Labrador-Retriever-Hündin Zaira sind ein Test-Hybridwurf. Denn der blonde Vater Jack ist ein Golden Retriever. Nach englischem Vorbild versucht Allschwil, den willensstarken, härteren Labrador durch den behutsameren Golden Retriever abzumildern. Züchtungen dort haben allerdings gezeigt, dass diese Mischung nur in der ersten Generation aus jeweils reinrassigen Eltern sinnvoll ist; bei konsequenten weiteren Mischlingszüchtungen verstärkten sich jeweils die negativen Eigenschaften beider Rassen.

Die Hand der Tierpflegerin öffnet die Luke nach draußen, die satten Welpen sollen jetzt an die Winterluft. Zaira entzieht sich. Sie steigt auf ihr Hochbett aus Pappelholz und putzt sich die Zitzen.

Der erwartbare und vorsichtig zu kalkulierende Erfolg eines Blindenhundes beginnt mit der Rasse. Denn nur theoretisch eignet sich jeder mittelgroße Hund von gutmütigem Wesen zur Schulung. Die ersten ausgebildeten Hunde waren Tiere, die sich Blinde nach eigenen Bedürfnissen selbst erzogen hatten, zu ihrem persönlichen Schutz und Geleit. Man meint sie schon auf antiken Gemmen oder Wandfriesen zu erkennen, deutlicher kehren sie wieder auf mittelalterlichen Holzschnitten. Gerne nahmen Blinde sich einen gelehrigen Pudel oder einen aufmerksamen Spitz. Da Blinde aber in Zeiten ohne staatliche Unterstützung oft Bettler waren, behalfen sie sich auch mit dem nächstbesten freundlichen Gesellen, der streunend zu ihnen kam und blieb. Die professionelle Ausbildung von Blindenhunden begann mit dem Ersten Weltkrieg und jener Rasse, die sich als Schutz-, Wach-, Zoll- und Sanitätshund bereits bewährt hatte: dem Schäferhund. Schon in den ersten Kriegsjahren sah sich Deutschland mit einem Heer durchtrainierter junger Männer konfrontiert, denen nichts fehlte als ihr Augenlicht. Sie hatten es im modernen Kampfgaseinsatz verloren. In Oldenburg versuchte nun die weltweit erste Blindenhundeschule, gelehrige Tiere, die ursprünglich zu Sanitätshunden ausgebildet werden sollten, gezielt für erblindete Soldaten abzurichten. Im Oktober 1916 erhielt der erste Kriegsblinde einen für ihn geschulten Schäferhund. Schon dreieinhalb Jahre später wurde mit dem Deutschen Reichsversorgungsgesetz der Blindenhund als Prothese anerkannt. Das neue Gesetz garantierte nun jedem Kriegsblinden das Recht auf das Hilfsmittel Hund.

War mit dem »Kriegsblindenhund« ein neues Arbeitsfeld für den Hund gefunden, ergab sich der Schritt zu seiner weiteren Nutzung von selbst. Immer mehr tendierte der einstige »Kriegsblindenhund« zur Mobilitätshilfe und zum Therapiehund für alle Menschen mit Sehbehinderung, seien sie nun geburtsblind, sehschwach durch eine Krankheit oder nach einem Unfall späterblindet. Mit dem Zug zum Zivilen änderte sich die bevorzugte Rasse. Der Labrador-Retriever, ursprünglich ein englischer Jagdhund, der die Beute zurückbringen (»to retrieve«) sollte, zeigte im Unterschied zum schnittigen Schäferhund, der am Ende des vorigen Jahrhunderts von einem preußischen Rittmeister aus einem Schafhütehund zu einem Dienst- und Gebrauchshund gezüchtet worden war, drei grund-

sätzliche Vorteile. Erstens ist er ein wenig kleiner, was ihm und dem Blinden eine größere Beweglichkeit in Städten und öffentlichen Verkehrsmitteln ermöglicht. Zweitens sieht er mit seinen hängenden Ohren und den großen runden Augen weniger offiziell aus und erinnert im Führgeschirr an einen distinguierten Butler und nicht an das Ambiente von militärischem Drill und Polizei. Ein sanfter Labrador im Dienst provoziert keine Hundeangst. Auch bleibt er gemütsruhig. Zieht ein Kind einen gut erzogenen Schäferhund begeistert an den spitzen Ohren, kann es schon sein, dass der zuschnappt. Ein Labrador würde diese Zudringlichkeit mit nachschleckendem Kopfwenden beantworten. Zum Dritten ist ein Labrador nicht an einen einzigen Herrn gebunden, sondern sozial flexibel. Und das ist für Diensthunde, die sich von fremden Lehrern etwas beibringen lassen müssen, um es anderswo zu praktizieren, vielleicht entscheidend. Denn bevor ein Blindenhund fertig ausgebildet ist, hat er einiges hinter sich: Geburt und zehnwöchige Säuglingszeit mit Mutter und Geschwistern in der Kinderstation der Schule, anderthalb Jahre Kindheit und Jugend alleine in einer Patenfamilie, schließlich die sechs- bis neunmonatige Ausbildungs- und Internatszeit wieder in der Schule. Hier gewöhnt er sich an den ihm zugeordneten Ausbilder. Danach erwartet ihn erneut Trennung und völliger Milieuwechsel. Denn mit zwei bis zweieinhalb Jahren tritt er, frisch diplomiert, seinen Dienst und seine Hausgenossenschaft bei einem Blinden an.
Allerdings hat der Labrador einen entscheidenden Charakterfehler, der, bislang zuchtresistent, den Ausbildern Kummer bereitet: er frisst gerne, und zwar überall und ziemlich alles. Ihm das suchende Schnüffeln in den Straßen abzugewöhnen, ist eines, ein anderes ist es, dem Hund ein diszipliniertes Einkaufsver-

halten anzutrainieren. Manch ein Blinder im Supermarkt wurde spätestens an der Kasse darauf aufmerksam gemacht, dass sein Hund eine Packung Landjäger im Maul trage. Gut, der Hund mag dann begreifen, dass er das nicht darf. Beim nächsten Mal aber würgt er die Schokoriegel in Stanniol eben erst draußen vor der Tür auf den Gehsteig. Schließlich hat er etwas gelernt: er hat die Beute in seinen Backentaschen ins Freie gebracht.
Morgens um sieben tobt die Meute im Auslauf. 35 Hunde jagen sich im Morgennebel, eine panterschwarze Bewegungswut, unter ihnen einige wenige helle Körper, im Flutlicht auf den Anhöhen über Allschwil. Wer ans Gitter tritt, wird Ziel eines bellenden Muskelspiels mit Zähnen und honiggelben Augen. Es ist kalt, die Grasbüschel und der Matsch sind leicht überfroren. Der Atem der Tiere mischt sich mit dem Dunst ihrer Körperwärme und ihres Kots. Sie waren die Nacht über in den Zwingerzimmern zu zweit oder dritt eingesperrt und entladen und entleeren sich nun. Zwei Ausbilder mit langen Rechen entfernen sofort den frischen Hundekot; die Tiere könnten ihn fressen.
Im Auslauf, viermal pro Tag, jeweils für eine halbe Stunde, sind die Hunde nie unter sich. Trainer beobachten und dirigieren sie, um zu verhindern, dass sich ein Rudelchef profiliert. Ein Blindenhund muss von Anfang an wissen, dass es allein der Mensch ist, der die letzte Autorität besitzt, auch wenn das Tier ihn führt.
Die Hunde, die jetzt durchs aufklarende Morgenlicht kläffen und springen, sind eine bunt gemischte Gruppe. Die anderthalbjährigen kastrierten Rüden und Hündinnen in der Ausbildung stellen die Mehrheit. Unter ihnen sind fünf unkastrierte Jungrüden von sieben Monaten, die eine Woche lang eigens auf eine

mögliche Zuchttauglichkeit hin getestet werden. Wenn den für die Zucht zuständigen Ausbildern, die die Patenfamilien regelmäßig besuchen, Jungrüden auffallen, deren Eigenschaften Blindenführhunde besonders auszeichnen, werden sie vor der Kastration zu Tests in die Schule eingeladen. Rüden, die als Führhunde vorgesehen sind, werden jetzt, wenn sie beginnen, das Bein zu heben, kastriert. So bleiben sie charakterlich junghundhaft, geschlechtlich eher neutral und ordnen sich leichter unter. Bei Hündinnen wartet man mindestens die erste Läufigkeit ab und kastriert sie erst nach einem Jahr. Mögliche Zuchthündinnen kann man also länger beobachten. Ein guter Zuchtrüde aber ist immer auch ein Glücksfall.

Ein unkastrierter älterer Rüde ist heute auch dabei. Seine Familie, in der er lebt, wenn er nicht zu seinen Hochzeiten in die Schule kommt, ist in Urlaub gefahren und konnte ihn nicht mitnehmen; so macht er für einige Tage Ferien in Allschwil. Gelassen trabt er durch das Gewimmel der Jungen.

Nach dem Toben werden die Tiere von ihren persönlichen Ausbildern abgeholt. Wer in Allschwil Hunde ausbilden möchte, muss mindestens 22 Jahre alt sein und bereits eine abgeschlossene Berufsausbildung hinter sich haben. Hundelehrer sollen schon etwas vom Leben wissen. Voraussetzung ist zudem eine große körperliche wie psychische Belastbarkeit. Manche Ausbilder waren Offsetdrucker oder Programmierer, Medizinisch-technische-Assistentin oder Dekorateurin, Schreiner oder Landschaftsgärtner. Die meisten von ihnen sind schon mit Hunden groß geworden.

Die Hunde werden vom Auslauf an ihren Zwingern vorbei in den gekachelten Pflegeraum mit den Nasszellen geführt. Auf das Wort »Tavo« hin springen sie auf den schmalen Pflegetisch und lassen sich bürsten.

Ist eine Fellseite fertig, machen sie bei »Ritor« eine Rechtswendung. Das ist bereits die erste Morgenlektion im Befolgen von »Hörzeichen«. Auch ihr Blinder wird sie einmal vergleichsweise bequem auf einem hüfthohen Pflegetisch putzen. Der rubbelnde, striegelnde, kämmende, Ohren anhebende Körperkontakt von Ausbilder und Hund ist zugleich ein zärtliches Morgenwillkommen. Waren Pfoten und Fell zu schmutzig, sind die Tiere vorher, zumindest partiell, unters Wasser gekommen. Der saubere Hund weiß, dass nun sein Arbeitstag beginnt.

Der Arbeitsplatz ist die Stadt. In zwei Kleinbussen, jedes Tier in einem Gitterverschlag, fahren die Allschwiler Ausbilder jeden Morgen um 7.30 Uhr mit ihren Hunden in die Basler Innenstadt. Die Busse parken hinter dem Bahnhof. Jeder der zehn Ausbilder beschäftigt sich nacheinander mit den drei Hunden, deren Lehrmeister er ist. Der Hund, der nichts zu tun hat, wartet in seiner Kiste. Der Hund, der aus dem Auto darf, streckt auf dem Gehsteig schon seinen Kopf vor und erwartet das Geschirr mit dem ledernen Brustteil und dem steifen Haltebügel, der unter seinem Bauch an einem Riemen mit Schnappverschluss fixiert wird. Jetzt ist er kein einfacher Hund mehr; jetzt ist er im Dienst. Solange er das Geschirr trägt, steht er unter dem Gesetz von Imperativen, die er lernen und einhalten muss. Die Blindenhundesprache ist ein vokalreiches vereinfachtes Italienisch.

Dieses Abc des Hundes umschreibt einen knappen Katalog von Fähigkeiten, auf die sich ein Mensch blind verlassen können muss. Die sehenden Ausbilder arbeiten, indem sie den »natürlichen Widerstand« des Tieres ausnutzen und es mit Lob bestärken. Der Hund muss im Geschirr ziehen, ohne herumzuschnüffeln. Also stoßen sie das Tier mit dem Bügel gerade in das hinein, was es anschnüffelt. Das ist ihm unangenehm, denn eine Hundeschnauze ist sensibel, und Schnüffeln ist ein sehr behutsames Unterfangen. Der Hund widersetzt sich also dem Stoß, er stemmt sich mit seinem Körper gegen den ausgeübten Druck und wird sofort dafür gelobt. Der Hund muss bei Abgängen und Aufgängen anhalten und erst auf das Hörzeichen »Vai« weitergehen. Überläuft er einen Abgrund, zieht der Ausbilder ihn am Bügel mit den Vorderpfoten über die Leere. Das merkt er sich. Der Hund soll Seitenhindernisse beachten, also wird er in parkende Fahrräder hineingestoßen, wenn er nicht Abstand hält, und wieder gelobt, wenn er sich gegen den Druck wehrt. Ausbilder schreien nicht, Ausbilder loben. Sie erschrecken das Tier nicht. Der Hund spürt das Unangenehme nur durch den Bügel, niemals durch die menschliche Hand.

Der Hund muss die Hörzeichen »Sini« und »Destra« verstehen und umsetzen können, indem er sich um eine Vierteldrehung nach links oder rechts wendet. Er muss – und das ist ebenso schwer wie entscheidend für den Blinden – Höhenhindernisse, die weit über seinem eigenen Hundekörper, aber ziemlich genau auf Kopfhöhe des Blinden sind, erkennen und umgehen: die Hochschranke einer Baustelle etwa oder den hervorstehenden Ast über einem Gartenzaun. Geübt wird derlei mit variablen, beweglichen Hindernissen, die heruntergefahren werden können. Eine sich bewegende Menschenmenge mit aufgespannten Schirmen ist eine Prüfung, die den perfektesten Blindenhund an seine Grenzen bringt. Leichter ist es, bei der Aufforderung »Porta« eine Tür oder den Buseinstieg zu suchen und bei »Banca« einen freien Sitzplatz. Den zeigt er durch flaches Auflegen des Hundekopfes oder einer Pfote an, und der Blinde ertastet diese Körpersprache mit der suchenden Hand. Auch nach »Zebra« den Fußübergang zu finden, dort anzuhalten und erst auf ein »Passare« zu überqueren, gehört zu den normalen Anforderungen. Hier kollidieren die Interessen von Rollstuhlfahrern und Blinden. Was für den einen bequeme Rampe, ist für den Hundesinn des andern eine nur schwer erkennbare Grenze zwischen Trottoir und Straße.

Die notwendige Feinabstimmung der Ausbildung erhält der Hund, wenn er seinem Blinden übergeben wird. Dann wohnt sein Ausbilder noch für etwa drei Wochen in seiner Nähe in einem Hotel und übt mit der sensiblen Mensch-Tier-Einheit »Gespann« vor Ort: Wo ist der nächste Bankautomat, die Telefonzelle, die Apotheke, der Fahrkartenschalter? Der Blinde gibt alltagswichtige Zielpunkte mit Hörzeichen an, der Hund hat sie kennen gelernt und sucht sie auf. Von nun an kann sich der Blinde aber nicht mehr nur nach seinen eigenen Bedürfnissen richten, von nun an muss er auch wissen, wo sein Hund noch Hund sein darf. Seine Sensibilität orientiert sich neu am Hundesinn: Wo ist die nächste Wiese zum Springen, der nächste Weiher zum Schwimmen und Entenjagen, der nächste Wald für gemeinsame Erkundungen? Und in seiner Manteltasche stecken nicht nur Schlüssel, Geldbeutel und Handschuhe, sondern auch die Roby-dog-Tüte. Am gebogenen Rücken und dem aufsteigenden Geruch wird der Kot, wenn es geht, ausgemacht und mit geübtem Stülpgriff aufgehoben.

Nach dem Hörzeichen »Libera« – das nur erfolgen darf, wenn das Geschirr ausgezogen ist – ist ein Blindenhund ein normaler Hund. Das heißt, er muss gehorchen wie ein anderer Stadthund auch, frei oder an der Leine. Sein Herr läuft derweil tastend mit dem Langstock. Aber jetzt darf der Hund schnüffeln; er hat dienstfrei. Allschwil legt größten Wert darauf, nicht nur Hunde perfekt auszubilden, sondern auch die komplizierte Lebens- und Arbeitsgemeinschaft von Herr und Hund zu schulen, die auf gegenseitigem Vertrauen und wechselseitiger Sorgfaltspflicht ruht, Glück verheißend und gefährlich wie eine Ehe.

Maria und Panko sind in den Flitterwochen. Seit zwei Monaten leben sie zusammen in einer kleinen Neubauwohnung in Rapperswil. Maria sieht auf dem linken Auge nichts. Auf dem rechten sieht sie Wolken, braun oder orange, an guten Tagen ist auch etwas Grün dabei. In der Mitte flimmert ein winziges Licht, das sich fortbewegt, wenn sie ihren Augapfel bewegt. Manchmal, wenn ihr langweilig ist, im Bus etwa, versucht sie, ihr Licht zu fangen, zu fixieren. Sie weiß, dass es nicht gelingt. Aber das mache nichts. Sie nennt dieses augenrollende Licht-Fangen: Gameboy spielen.

Nach ungezählten Telefonaten und 150 Bewerbungsschreiben hat Maria Rita Oddo, 23 Jahre, Handelsdiplom und kaufmännische Ausbildung, Fremdsprachenkenntnisse (Englisch, Französisch, Italienisch), sehr gute Computerkenntnisse (mit angeschlossener Braille-Tastatur), eine Anstellung in einer Marketingfirma in Herrliberg-Feldmeilen bekommen. In der Morgendämmerung geht sie mit Panko raus. Nach dem Frühstück marschieren beide dann gute zehn Minuten zur S-Bahn-Station von Rapperswil und fahren über Kempraten, Feldbach, Uerikon, Stäfa, Männedorf, Uetikon bis Meilen. Dort steigen sie um von der S 7 in die S 6 und fahren noch eine Station weiter. Vom Bahnhof aus durchqueren sie eine Unterführung, laufen dann nochmals gute 10 Minuten. Praktischerweise kommen sie an einem Lebensmittelgeschäft vorbei, an einer Apotheke und an einer Bank. Während Marias Arbeitszeit liegt Hilfsmittel Panko neben ihr im Großraumbüro. Manchmal legt er seinen Kopf auf ihre Füße, manchmal eine Pfote. Über die Mittagspause nimmt Maria den Hund auf eine Wiese und lässt ihn springen; sie isst derweil ihr Brötchen. Am Abend bringt Panko Maria wieder nach Hause: Feldmeilen-Herrliberg bis Meilen. Umsteigen. Meilen bis Rapperswil. Dann gehen beide noch an den See. Panko stürzt sich ins Wasser oder hat ein Geplänkel mit anderen Hunden, und Maria spricht mit deren Besitzern ein Wort.

Maria würde ihre Arbeitsstelle auch ohne Hund, den Langstock vor sich hin- und herpendelnd, erreichen, aber nicht in dieser Zeit und nicht so sicher. Außerdem wäre sie allein. Wenn Panko sie führt, läuft sie schnell, schneller als gesunde Fußgänger. Der Hund zieht. Wer zögert, überlegt; langsames Gehen macht unsicher. Maria schreitet aus, überlässt ihre Energie der Körperkraft des Tieres. Sie sind ein dynamisches Gespann. Wenn Panko anhält, tastet Maria mit dem Kurzstock nach, warum er das tut. Sie spürt das Gehsteigende, horcht die Straße ab, gibt mit »Passar« das Zeichen zum Weitergehen. Panko hält, Maria ertastet das beginnende Trottoir, bei »Vai« zieht er wieder los.

Marias Eltern sind Sizilianer, ihr Vater ist als Orgelbauer nach Rapperswil gekommen. Als Kind hat Maria stark geschielt, aber noch gesehen und gerne gezeichnet. Bei eiem Ferienaufenthalt in Italien konnte wegen allgemeiner Streiks eine Blinddarmentzündung nicht früh genug operiert werden. Als Maria aus dem tagelangen Koma erwachte, sah sie fast nichts mehr. Mit 15 Jahren kam sie in ein Blindenheim. Mit 17 fiel sie dort eine Treppe hinunter. Dann war es nur noch dunkel. Am Anfang habe sie sich strikt geweigert, überhaupt irgendetwas zu lernen. Man hatte ihr weggenommen, was sie einmal gehabt hatte. Sie habe ja gewusst, was es heißt zu sehen. Noch heute hat sie eine Idee von Blau. Sie weiß, dass ihre Wohnung in Blau eingerichtet ist, nur das fensterlose Bad ist gelb. Maria liebt das Licht, das sie spürt. Mutter, Vater und Brüder, die im selben Haus wohnen, helfen ihr. Ihre Gesichter aber werden für Maria immer blasser. Sie möchte sich nicht damit behelfen, ihre Züge mit den Fingerspitzen abzutasten.

Manchmal photographiert Maria. Wenn sie eine Empfindung gegenwärtig halten möchte, drückt sie auf den Auslöser ihrer Kamera. Manche der Bilder, sagt sie, sagen ihr die andern, seien scharf, manche nicht so. Sie bittet die sehenden Freunde, ihr zu sagen, was auf dem jeweiligen Photo ist. Vielleicht kommen dann bei dem Wort »Wald« die Gerüche und Geräusche zurück. Maria stanzt sich eine Legende in Blindenschrift und klebt sie unter die Photographie. So erschafft sie sich von ihr nicht gesehene, sichtbare Erinnerungszeichen. Sie träume viel, immer bunt und immer sei sie im Traum sehend. Und jetzt sei auch Panko dabei.

Maria ist gläubig und freut sich, dass ihr Hund, den sie wegen seiner Farbe auch »Caramellino« nennt oder einfach nur »Monsieur«, ganz selbstverständlich eine natürliche Beziehung zum Pfarrer der italienischen Gemeinde gefunden hat. Am 4. Oktober, zwischen dem Tag der Schutzengel und dem des heiligen Franziskus, hat er die Tiere in die Kirche eingeladen. Vögel waren da, auch Katzen, einer brachte gar seine Spinne mit. Führhund Panko aber war das Maskottchen. Er saß vorne mit ihr neben dem Altar. Seither hat Maria einen geweihten Blindenhund. Und seit Panko geweiht ist, gebe Panko dem Pfarrer das Pfötchen, obwohl sie ihm das nicht beigebracht habe! Maria sieht in Richtung Panko mit einem schwimmenden Lächeln, das nichts fixiert.

Basel, Hauptbahnhof. Gleich werden die Ausbilder mit ihren Hunden Kaffeepause machen. Ugo und Mogli drehen noch eine letzte Runde, da, wo Basel möglichst laut und unfreundlich ist. Mogli ist ein körperlich überdurchschnittlich gesunder Rüde. Er hat den Welpentest spielend bestanden. Er erschrak vor dem blitzartig knallend gegen ihn aufgespannten schwarzen Regenschirm. Ging aber, als das Ungetüm wieder am Boden lag, gleich darauf zu und biss in die hölzerne Spitze. Er stob zurück vor dem gegen das Parkett geknallten Schlüsselbund, pirschte sich dann aber sofort heran und zog das klirrende Metall im Maul durch den Raum. Der Schusstest ließ ihn kalt. Mogli ist selbstbewusst, aber kooperativ. Er zeigt keine Ansätze von Jagdtrieb, frisst keinen Hundekot, scheint arbeitsfreudig und intelligent. Mogli ist jetzt sieben Monate alt; er könnte ein Zuchtrüde werden.

Ein Blindenhund ist teuer. Auf die Lebenszeit, von der Geburt in der Schule bis zur Kremierung des Hundes gerechnet, veranschlagt die Schule Kosten von 65 000 Schweizer Franken. Damit deckt ein Blindenhund, der läuft, auch den Unterhalt der Hunde, die die Ausbildung nicht schaffen. Nur etwa 60% der gezüchteten Hunde eignen sich zur Ausbildung. Die Invalidenversicherung bezahlt pro Hund, der erfolgreich, das heißt nach Prüfung des »Gespanns«, einem Blinden übergeben werden kann, 14 000 Franken. Die Blindenführhundschule Allschwil hat einen jährlichen Aufwand von 2,5 Millionen Franken. 2 Millionen deckt sie mit Spenden.

Mogli streckt erwartungsfroh den Kopf in das Geschirr, Ugo hält den Bügel locker mit den Fingerspitzen der linken Hand, legt die Leine in den rechten Handballen und steuert die Bahnhofsbaustelle an: »Vai«. Mogli läuft. Seine Schwanzspitze schaukelt, seine Ohren liegen entspannt, er atmet ausgeglichen. Ugo dirigiert auf einen Brettersteg zu, der über Geröll und aufgeworfenen Sand führt. Vor dem Tonteppich des Innenstadtverkehrs bollert jetzt ein Presslufthammer, eine Betonmischmaschine röhrt gleich hinter der rotweißen Bandmarkierung. Mogli läuft. Für einen Moment schnüffelt er vor der Sensation eines frisch ausgespuckten Kaugummis, trabt aber weiter. Von den Bahnhofsgleisen her quietschen Züge. Mogli setzt munter die Pfoten, als überquere er eine Blumenwiese im Voralpenland. Jetzt die schmale Gittertreppe mit Durchsicht – Mogli steigt selbstverständlich hinauf und hinunter –, dann die dunkle Unterführung.

Es ist spätmorgendliche Stoßzeit. Ugo schickt den Hund gegen den Strom: »Vai«. Mogli dirigiert seinen Körper durch Menschen und Koffer, vorbei an heißen Maroni-Ständen und Sandwichbuden. »Destra vai«, er umläuft trabend einen ukrainischen Geiger samt Sängerin. Seine Schwanzspitze tanzt, als dirigiere er insgeheim das Gewühl. Sein Hundesinn meistert souverän das menschliche Unterholz. »Vai«, sagt Ugo leise. Und Mogli läuft.

Orangenpapierchen

Am Anfang war die Signatur eines italienischen Grande: »Dott. Andrea Catalano«. Vom letzten Buchstaben führt die Linie zurück zur Initiale und unterstreicht den Namenszug in einem Schwung. »Sehen Sie die fein ausgeführte Krone darüber? Beachten Sie die sauber abgesetzte Ortsangabe: ›Lentini‹. So eine schöne graphische Lösung!« Der Sammler lässt die Lupe sinken auf das zerknitterte Seidenpapier mit der goldenen Geste, die zu uns herüberdeutet aus der zweiten Hälfte des vergangenen Jahrhunderts. Es ist das älteste Stück seiner fragilen Sammlung, vielleicht das älteste, das heute überhaupt noch existiert.
Der Schweizer Zeichner und Graphiker Hans Peter Weber aus dem Zürcher Vorort Zumikon ging 1988 in das Guinnessbuch der Rekorde ein: als Besitzer der weltweit größten Sammlung jener dünnen Papiere, in die einmal Zitrusfrüchte eingehüllt waren, kurz Orangenpapierchen genannt. Seit er mit über 25 000 Stück den Weltrekord aufstellte, hat er sie nicht mehr gezählt. Aber verglichen. Geordnet. Und weitergesammelt. Getauscht. Man kennt sich in der Szene derer, die eine behutsame Leidenschaft hegen für die bedruckte Kunst des 20-Gramm-Papiers. Da gibt es den jungen Mann in Montreal und eine ältere Lehrerin in Amsterdam. Zwei Sammler in Südengland, den Photographen in Frankreich, in Deutschland einen Konditor und jenen Mann aus Regierungskreisen, der aus dem Chinesischen übersetzt. Auch in Palermo wohnt einer der ihren; er hat ein Buch über Zitronen geschrieben.

Manche Orangenpapiersammler bleiben verborgen, manche beteiligen sich gerne an schönen Korrespondenzen und regelmäßigen Treffen in der Neuen Welt und in der Alten.

Der heute 81-jährige Hans Peter Weber, dem niemand sein hohes Alter glaubt, reist wie die Orange weit umher, die lebhafte polyglotte Lis, verwitwet auch sie, an seiner Seite. Sammeln, das erklären beide, heiße unterwegs sein, wach sein, sich kundig machen. Ein Sammler fährt nicht in die Ferien, um auszuschlafen. Er muss auf den Markt. Da schaut er sich die Stände an. Überprüft die Präsentation der Früchte, kommt schnell ins Gespräch, und schon bald weiß er, wer in dieser Gegend Orangenbäume besitzt und von welcher Sorte und wie gepfropft, auf welchen Wurzelstöcken und in der wievielten Generation. Originelle Papiere finden sich immer seltener. Denn das Orangenpapierchen ist eine Kultur, die ausstirbt, eine zarte Volkskunst, die, kaum beachtet, verloren geht. 1878 zum Patent angemeldet, sollten die Papiere die Früchte vor Feuchtigkeit und Stößen bewahren, wenn sie, zunächst in Fässern, später in Körben und Kisten, ihre Reise antraten. Was lag näher, als dass der Produzent ihnen seinen Namen mitgab und so den Schutz der saftigen Früchte mit Werbung für die Plantage verband.

Das Papierchendesign entstand in einem umstandslos-produktiven Zusammenspiel der Vorstellungen des Orangenzüchters und der Fähigkeiten seines Druckers. Ein großzügiges Gemisch, das die Zitrusfrüchte bald mit antiken Mythen, Symbolen von Leidenschaft und Stolz, mit Entdeckerfreude und Fortschrittsglauben unter dem Signum der Apfelsine, des »Apfels aus China«, auf die Reise schickte. Heute werden Südfrüchte für den Transport chemisch behandelt und kaum noch in die papierene Seide gehüllt, es sei denn wie in ein nachlässiges Zitat aus jener Zeit, da der duftenden Adelsfrucht noch vorsichtiger begegnet wurde als mit Fungiziden, Konservierungsmitteln und Wachs.

In der Küche brüht Lis Zitronenmelisse auf und deklamiert die Apfelsinenworte Beatrices aus Shakespeares »Viel Lärm um nichts«: »Der Graf ist weder traurig noch krank, noch lustig, noch wohl; aber höflich, höflich wie eine Orange, und ein wenig von ebenso eifersüchtiger Farbe.« Sie klatscht in die Hände und scheucht zwei glänzende Katzen durch den Salon, bis sie schwarz auf der sonnenhellen Terrasse hinter den Malven verschwinden. Der Sammler hebt die Lupe und liest: »Francesco Aloisi, Gianpiliere, Messina.« Neben dem Namenszug des Plantagenbesitzers sind schon die goldenen Früchte selbst abgebildet und ganz klein darunter steht der Name des Druckers: »Vittorio Daleano«. Die ersten Papierchen wurden nur gestempelt, es folgten der Holz- und Linoleumdruck, dann die Lithographie, schließlich der bis zu 6-farbige Flexodruck mit schnell trocknenden Anilinfarben. Aus der selbstbewussten Signatur des Unternehmers hatten sich rasch Muster und Embleme entwickelt, die ihre auf wenige Quadratzentimeter verdichteten Botschaften mit den vergänglichen Früchten in die Welt senden sollten.

Orangen müssen ausgereift transportiert werden, denn, einmal vom Zweig abgeschnitten, reifen sie nicht mehr nach. Da sich eine gepflückte Orange höchstens vier Wochen hält, war der Orangenexport immer ein Wettlauf mit der Zeit. Jahrhundertelang hatten die Spanier, die auf Schiffen entlang der Westküste nach Holland oder England exportieren konnten, einen entscheidenden Vorsprung. Mit der nationalen Einigung durch Garibaldi holte Italien auf. Seit 1860 bestand eine durchgehende Eisenbahnlinie von Sizilien in den Norden, und durch die Alpen wurden die großen Tunnelanlagen gebaut: 1871 Mont-Cenis; 1882 St. Gotthard; 1884 Arlberg; 1906 Simplon. Das sind auch Lebensdaten des Orangenpapiers. Eine Gruppe der rund 50 Bildmotive, die Hans Peter Weber unterschieden hat, erzählt die abenteuerliche Geschichte des realen wie des imaginierten Orangentransports. Auf der unregelmäßig gewebten Tischdecke breiten sich bunte Szenen aus. Dschunken kreuzen und Kamele schaukeln; einst brachten sie die Früchte und Bäumchen aus Südchina über Afrika. Vielmastige Segelschiffe und qualmende Überseedampfer kommen vorüber, die den Handel der südeuropäischen Länder mit dem Norden Europas, England und Amerika ermöglichten, Eisenbahnen, Propellermaschinen und Düsenflugzeuge und dann wieder ein Fesselballon, gefüllt mit Gas, der anachronistisch zwei Liebende trägt, die Orangenzweige halten. Ein Sputnik umkreist die Erdkugel, bereit, die Orangen und Zitronen, Pampelmusen und Tangerinen, Pomeranzen, Mandarinen und Limetten in den Weltraum zu befördern, wo schon, das erzählt ein anderes Bild, zwei Astronauten, in seltsamen Froschanzügen fliegend, einen kosmischen Zitrushain bestellen. Hans Peter Weber lacht; auch im Wohnzimmer bleibt die Seele des Sammlers eine schweifende Nomadin.

Der Paradiesapfel war eine Orange, das hat schon Dürer gemalt. Aber welche Orange war es, mit der die Verführung begann? War sie die mythische Ahnin der birnenförmigen Tarocco mit dem geäderten Fleisch aus der heutigen Provinz Syracus oder eher verwandt mit der spanischen kernarmen Vicieda? War sie süß wie die dunklere Hamlin oder säuerlich wie die Cadenera unter der feinen Schale oder eher zart wie eine Castellana? War sie eine Macetera, eine Salustiana, eine wohlschmeckende Blanca mit ihren durchschnittlich 14 Kernen, eine späte Valencia oder gar eine bittersüße Moro-Blutorange?

Die Orange ist weiblich. Auch die Papierchen wollen verführen, aber sie sind konkret. Sie nennen Produzent, Landschaft und Sorte. Bei Zitronen geben sie sogar die erste, zweite, dritte Pflückung an und »Mercantile«, die letzte. Und sie locken mit einem rührenden Versprechen: Ich bin eigens für Dich. Deshalb hüllt sich die südländische Orange auf ihrem Weg in die Schweiz in ein Papierchen mit dem erhabenen Matterhorn oder dem schießenden Wilhelm Tell samt Sohn. Geht sie nach Russland, bedeckt sie ihre Schale mit einem schmachtenden Balalaikaspieler; nach Deutschland reist sie mit üppig ausstaffiertem Lohengrin, den sein Schwan zieht; nach Holland unter Häubchen und Holzschuhen. Nach Amerika mit einer Orangenpuppe, die »Fox-Trot« tanzt. Es gibt lange vor der Geburt der Micky Mouse ein spanisches Orangenpapierchen mit zwei großohrigen schwarz-weißen Mäusen, die sich eine Orange teilen, bedruckt mit deutschem Text: »Naschende Mäuse. Die feinsten Apfelsinen. V. P. Castaner & Monsonis Jr., Burriana (Spanien)«. Manchmal erzählt das Papierchen auch von seiner eigenen Welt, von der schönen Apfelsinenpflückerin im Hain vor dem schicksalhaft rauchenden Ätna, vom heute vergessenen Berufsstand des Tambourinmädchens, das neben einem mit Apfelsinenkisten beladenen Esel die Neuigkeiten ausruft. Oder es druckt die Sensationen gleich selbst ab. Als es dem Bolognesen Guglielmo Marconi 1901 gelingt, drahtlos über den Nordatlantik zu telegraphieren, erscheint dies als Szene auf einem Orangenpapierchen aus Messina: Marconi, umringt von uniformierten Gesandten, am Rande Europas mit einem Telegraphengerät, und am Horizont, hinter dem Band blauen Wassers und blauer Schiffe, versprechen klare Lettern: »America«. Das ist die neue Verheißung des Exports: bald sollten die Orangen annähernd so schnell wie die Telegraphiezeichen den Atlantik überqueren. Vorerst aber machten sich vor allem die sizilianischen Auswanderer auf diesen Weg. Melancholisch schwingt die spanische Tänzerin den Union Jack. Und das Rot ihrer Blumen im Haar ist manchmal im Druck verrutscht zu einem Lidstrich und ein abgründiges Zeichen geworden für die Fehlfarben des Lebens. Auch die vatikanischen Orangenplantagen präsentieren sich; sie schicken die Früchte seiden umhüllt mit dem Haupt des Gekreuzigten. Orangen reisen mit Fetischen, mit metallicgrünen stoischen Katzen oder Fledermäusen, die Orangenkisten beschützen, mit Meerjungfrauen, die auf Fischen reiten, mit springenden Tigern, wartenden Elefanten, Indianern in Federpracht und schrecklichen, sanften, schönen und grauslichen Mohren, aus einer Zeit, da dieses Wort noch nicht in Ungnade gefallen war.

Lis schenkt Tee nach, und der Sammler ist zurückgekehrt zu dem Kind, das er war, als sein Vater, der Berner Gymnasiallehrer, mit der Tüte Mandarinen oder Orangen im Arm über den Markt nach Hause kam. Die säuerliche Süße der Zitrusfrüchte war die Idee des Südens im kalten Bern, ein frühes Versprechen, das jedes Papierchen aufs Neue wiedergab. Und der Bub rollte das schöne Nichts zu einem Röhrchen zusammen und zündete es in einem unbeobachteten Augenblick schnell an, bis es entflammte und aufflog und zerstob: in kleine Aschepartikel. Das war streng verboten und ein köstliches Kinderspiel. Würde er sie doch behalten haben, diese schönen alten Papierchen, die er als Kind so verschwenderisch verbrannte, mit ihren goldenen Sonnen darauf und den herrlichen ovalen Schriftzügen. So spricht der Sammler. Und dann lächelt er über die Lupe hinweg, als hänge er heimlich dem Sekundenglück brennender Papierchen nach und dem sahnigen Duft milder Orangen im Winter.

Die Buchstaben des Unsichtbaren

Auf ihrem hölzernen Küchentisch tütet Patrick das neue Herbstprogramm ein. Sehen Sie da, sie greift an Kirschen vorbei über ein Brotkörbchen und nimmt einen der Faltprospekte »Friedenauer Presse Herbst 1999« hoch, sehen Sie dieses furchtbare Himbeerrot! Objekt ihrer Empörung ist die Randleiste mit einer floralen Girlande des Graphikers Horst Hussel. Mauve, versuche ich leise einen Vorschlag zur Güte, mauvefarben? Sie überlegt für eine Sekunde, um schon unbeirrt den Kopf zu schütteln mit den festen weißen Naturlocken. Nein, Himbeer, furchtbar, die Druckerei hat nicht aufgepasst! Sie zieht einen Farbstreifenfächer auseinander und zupft ein helles Rot in die einsame Mitte. Diesen Ton habe sie wollen, und der sei doch völlig anders. Im diffusen Nachmittagslicht, das ein riesiger Hinterhof-Kastanienbaum grün filtert, kann ich ihrer Nuancensicherheit nicht folgen. Sie hatte es auch kaum erwartet. Viele Dinge, das weiß sie, werden nicht bewusst wahrgenommen. Sie wirken aber trotzdem, oder sie wirken gerade deshalb.
Katharina Wagenbach ist heute 70 Jahre alt. Seit 1983 betreibt sie in ihrer Berliner Wohnung am Savignyplatz den Literaturverlag »Friedenauer Presse«. Es ist ein erfolgreicher Ein-Frau-Verlag, vom Germanistikstudenten Patrick, der bei ihr ein Praktikum macht, abgesehen, und abgesehen von einer Buchhalterin und einer Korrektorin. Wir gehen durch einen Flur, der bis an die hohe Decke mit Bücherregalen gefüllt ist, und durch ein großzügiges Wohnzimmer, in dem sich Ein-

zelstücke schöner Stile unkompliziert mischen. Dahinter liegt der eigentliche Raum des Verlags. Der Esstisch in der Mitte stammt noch aus der Jenaer Straße. Dort gründete ihr Mann Klaus Wagenbach 1964 den Wagenbach-Verlag, mit dem die junge Familie (ein Mädchen von zehn Jahren, eines von sechs und ein neugeborenes) dann in einer 8-Zimmer-Wohnung lebte. Das Prinzip des kombinierten Wohn- und Arbeitsplatzes hat Katharina Wagenbach beibehalten, es spart Miet- und Fahrtkosten und sehr viel Zeit. Denn der Verlag, das ist zunächst ihr Kopf und ansonsten ausgewählte Lexika, Registraturen, Papiermusterbücher, eine elektrische Schreibmaschine, ein Kopierer, ein Telefon, ein Globus sowie der Blick auf Rotbuchen und Platanen.

Jedes Buch hat einen Kasten. Hier sammelt sie die Korrespondenzen, von den ersten Ideen bis zu den letzten korrigierten Druckfahnen. Wenn das Buch erschienen ist, kommen die Unterlagen in eine verschließbare Kiste. In der Puschkin-Kiste obenauf liegen Titelandrucke, Proben in Goldtönen auf tiefblauem Leinen. Entschieden hat sie sich am Ende für echtes Blattgold. Weil es schöner war. Das ist das eine. Das andere ist, dass sie in der Übersetzung von Peter Urban einen ganz neuen Puschkin anbietet, wie er auf Deutsch noch nie zu lesen war. Darauf ist sie stolz. Sie ist Russin und hat gegengelesen. Bei manchen Speisen, Spielen oder Kleidungsstücken, wie der durchgeknöpften Festtagsschürze der Bäuerinnen etwa, konnte sie aus der Familiengeschichte nachhelfen. Peter Urban hat sich auch ihre kostbaren alten Photoalben aus Moskau ausgeliehen. Hier stehen die Großeltern vor der Datscha, wo die kranken Kinder der Geliebten Lenins genasen und Weihnachten feierten. Ihr Großvater habe Balalaika gespielt und später hätten die

Kinder erklärt, bei den Bourgeois sei es doch viel lustiger als bei den Kommunisten.
Ihr Vater war 1917 sechzehnjährig aus Petersburg, ihre Mutter als Dreizehnjährige 1921 von Moskau nach Berlin gekommen, wo es damals eine Kolonie von gut 300 000 Russen gab. Wie die Türken heute, sagt sie, nur war es eine andere soziale Schicht; viele Adlige waren unter ihnen, Offiziere. Ihre Großeltern seien großbürgerliche, von den Bolschewiki verfolgte Emigranten gewesen, die niemals daran geglaubt hatten, dass der Zar wiederkäme und sie zurückkehren würden. Das Kinderbild einer georgischen Prinzessin habe ihre Mutter, damals ein Mädchen, nicht zurücklassen und gegen die angebotenen 30 Pfund Zucker hergeben wollen. Man gab der Kleinen nach. Das stille, offene Kindergesicht, das heute über ihrem Sofa hängt, sieht Katja Wagenbachs jüngster Tochter Nina auffallend ähnlich. Manchmal gibt es so etwas, sagt sie lächelnd. Sie glaubt gegen den Zeitgeist an die Möglichkeit von Tradition, daran, dass mit etwas Eigensinn manches weitergegeben werden kann und nicht verloren ist. Der Arzt und Schriftsteller Vladimir Dal war mit einem Zettelkasten durch ganz Russland gereist und ihr Verleger-Urgroßvater Moritz Wolff hatte dann das große vierbändige etymologische Wörterbuch »Dal« herausgegeben; ihr Großvater Ludwig Wolff ließ es 1913 erweitern um die Sprache der Strafgefangenen und Prostituierten (als die Sowjets einen Nachdruck unternahmen, haben sie schamhaft auf die erste Ausgabe zurückgegriffen). Schon der Urgroßvater legte auf die Ausstattung von Büchern großen Wert. Er gab die Perrault'schen Märchen in der Übersetzung von Turgenjew mit Stichen von Doré heraus.
Ihr Vater Andreas Wolff – der nach dem Krieg in Frankfurt interimsweise Geschäftsführer des Suhr-

kamp Verlags werden sollte – machte in Berlin im bürgerlichen Stadtteil Friedenau zunächst eine Leihbücherei auf, die er 1930 zu einer Buchhandlung erweiterte. Dort initiierte er seine legendären Autorenlesungen. Im Aufschwung der Taschenbücher erkannte er den Beginn eines Niedergangs von Buchkultur, auf den er mit einfachen, 16-seitigen, schönen Bleisatzdrucken antwortete. Der erste Friedenauer Presse Druck war »Die Ballerina« von Günter Grass, zwei halbe Bögen, Fadenheftung.
Nach dem Tod des Vaters 1971 erbte die einzige Tochter Katharina die Wolff'sche Buchhandlung, verkaufte sie 1976 an zwei Frauen, die sie im Sinne des Vaters bis heute weiterführen. Sie selbst hatte als Mutter dreier Mädchen und als Verlagsmitarbeiterin genug zu tun. Es sind die Jahre, da sie Biermann-Manuskripte am Leib über die deutsch-deutsche Grenze schmuggelt und Otto Schily ihren Mann, den Ulrike-Meinhof-Verleger, verteidigt. Da Verlag und Wohnung eines waren, durchsuchte die Polizei überfallartig auch das Wagenbach'sche Schlafzimmer. Die Herren mögen doch Gummihandschuhe anziehen, habe sie gebeten, wenn sie schon ihre Betten durchwühlten.
Von der Friedenauer Presse konnte sich Katharina Wagenbach nicht trennen. Sie ließ sie ruhen. Nach ihrer Scheidung 1980, sie verließ gleichzeitig den Wagenbach-Verlag, ist das kleine stillgelegte Verlagsprojekt eine vorsichtige Perspektive. Ihr erster eigener Friedenauer Presse Druck 1983 sind Erinnerungen Erich Frieds an Ingeborg Bachmann und Anmerkungen zu ihrem Gedicht »Böhmen liegt am Meer«.

Kommt her, ihr Böhmen alle, Seefahrer, Hafenhuren und Schiffe unverankert. Wollt ihr nicht böhmisch sein, Illyrer, Veroneser, und Venezianer alle. Spielt die Komödien, die lachen machen

Und die zum Weinen sind. Und irrt euch hundertmal,
wie ich mich irrte und Proben nie bestand,
doch hab ich sie bestanden, ein um das andre Mal.

Wie Böhmen sie bestand und eines schönen Tags
ans Meer begnadigt wurde und jetzt am Wasser liegt.

Ich grenz noch an ein Wort und an ein andres Land,
ich grenz, wie wenig auch, an alles immer mehr,

ein Böhme, ein Vagant, der nichts hat, den nichts hält,
begabt nur noch, vom Meer, das strittig ist, Land meiner
    Wahl zu sehen.

Zwei Jahre später beginnt Katharina Wagenbach mit Hans Magnus Enzensbergers »Requiem für eine romantische Frau«, der katastrophalen Liebesgeschichte von Auguste Bußmann und Clemens Brentano, ihre zweite Serie »Winterbücher«; 1991 mit Goncarovs »Die schwere Not« die kleinformatigen »Wolffs Broschuren«. Heute, sagt sie, lebt sie von ihrer Rente, aber sie muss dem Verlag nichts zuschießen, er trägt sich allein und sie kann Honorare bezahlen. Sie will daran festhalten, zumindest die Friedenauer Presse Drucke in Bleisatz setzen zu lassen. In Kreuzberg arbeitet ihr Setzer an einer Linotype-Zeilenguss-Setzmaschine. Ihre Druckerei macht gerade zu; sie wird eine andere suchen.
Sie fährt mit ihrem uralten weißen Golf, in dem das Sandelzeug der Enkel auf der Rückbank kugelt, durch Groß-Berlin, vom Graphiker zum Setzer, vom Setzer zum Drucker und wieder zum Graphiker. Wenn es um das Unsichtbare geht, muss man aufpassen, präsent sein, kontrollieren. Sie sieht noch die Kriegsruinen der Stadt, sie wittert die Mauer, sie spürt am Straßenprofil den Übergang vom ehemaligen Osten zum Westen. Was sind fünfzig, was sind zehn Jahre! Sie fährt viel zu

schnell, auch nachts, und ein blasser Beifahrer könnte sich mit dem Gedanken beruhigen, dass die Verkehrsampeln Berlins einmütig ihr Gelb verzögern, damit Katja Wagenbach durchkommt.

Sie selbst hat noch Handsatz gelernt, nach dem Krieg in Frankfurt auf der Berufsschule, wo sie in der Pause mit Klaus Wagenbach im Hof auf und ab ging und über Kafka sprach. Sie besteht darauf, dass auch heute ein guter Photosetzer eine Bleisatzausbildung haben sollte. Es schult den Blick. Der Bleisatz bildet ein kleines, fast unsichtbares Relief, in dem sich das Licht bricht. Das Auge wird dadurch ein bisschen getäuscht oder abgelenkt. Es sieht den Buchstaben, aber es sieht auch die Struktur im Papier. So entsteht ein Schriftbild, das lebt. Und unter dem Text liegt kaum sichtbar sein Schatten.

Katharina Wagenbach liebt immer noch den Geruch von schmelzendem Blei und das unvergleichlich klackende Geräusch, wenn die Matrizen fallen.

Vom Geist der Glocken

Schillers Musen-Almanach auf das Jahr 1800 war gerade erschienen, das »Lied von der Glocke« noch druckfrisch, da schickt Caroline Schlegel am 21. Oktober 1799 schon ihr spontanes Gelächter von Berlin nach Jena zu Tochter Auguste. »Über ein Gedicht von Schiller, das Lied von der Glocke, sind wir gestern Mittag fast von den Stühlen gefallen vor Lachen, es ist à la Voss, à la Tieck, à la Teufel, wenigstens um des Teufels zu werden.«
Caroline Schlegel konnte Schiller nicht leiden. Das war das eine. Zum andern aber schien das Gedicht gesättigt von jenem Streben nach bürgerlicher Harmonie, dem Caroline nicht traute, und es wies Passagen auf, die eine selbstbewusste, städtische Intellektuelle an der Wende zum 19. Jahrhundert leicht zum Lachen bringen konnten: »Und drinnen waltet / Die züchtige Hausfrau«. Und so weiter. Ein zeitgenössischer Rezensent nennt es »treuherzige Betrachtungen«. »Das Lied von der Glocke« sollte aber nicht nur als Parodie eine beispiellose Karriere beginnen. Schillers Freund Christian Gottfried Körner bescheinigt dem Text ein »gewisses Gepräge von deutscher Kunst«, Wilhelm von Humboldt erkannte »etwas Gotisches« und »Nordisches« darin. Das Lied avancierte zum einigenden deutschen Bildungsklang, der den Schulkindern eingetrichtert wurde und der ganze Generationen unter dem Metall »Concordia« verband.
Fasziniert von der Kunst des Glockengießens, die Schiller in der Rudolstädter Gießerei wiederholt be-

obachtet hatte, studierte er die technischen Details in der »Oekonomisch-technologischen Encyklopädie« von Johann Georg Krünitz. Hier fand er eine Abbildung der 1486 gegossenen Glocke der Schaffhauser Münsterkirche, die jene schöne dunkle Aufschrift trug, die Schiller seinem Gedicht voranschickt: »Vivos voco. Mortuos plango. Fulgura frango«: »Die Lebenden rufe ich. Die Toten beklage ich. Die Blitze breche ich.«

Fest gemauert in der Erden,
Steht die Form, aus Lehm gebrannt.
Heute muss die Glocke werden,
Frisch, Gesellen! Seid zur Hand.

Wer dies und die folgenden über 400 Verse aufsagen konnte, war schon Teil einer idealen freiheitsliebenden, sich in einem Gleichgewicht der Kräfte einschwingenden Volksgemeinschaft, von deren Geist die Glocke kündete. Heute noch ist der Text ein grober Indikator der Generationenzugehörigkeit. Viele vor dem Ersten Weltkrieg geborene Deutsche können »Die Glocke« noch aufsagen. Die Jahrgänge zwischen den Kriegen haben sie meist noch in der Schule gelernt. Doch nach dem Zweiten Weltkrieg will das deutsche Glocken-Lied nicht mehr emphatisch klingen. Als Hans Magnus Enzenberger 1966 für den Insel-Verlag eine dreibändige Schiller-Ausgabe herausbrachte, nahm er »Das Lied von der Glocke« nicht mehr auf. Sie sei »festgemauert, aber entbehrlich«. Seither ist es um das Gedicht still geworden, in den Schulen wird es nicht mehr gelesen.
Und das ist schade. Denn das Gedicht bewahrt die Erinnerung an eine untergegangene Welt, in der die Glocken das Leben einer Gemeinschaft begleiteten und strukturierten. Im Klang der Glocken wurde der Rhythmus eines individuellen Lebens immer und im-

mer wieder in den Rhythmus des Gemeinschaftslebens überführt. Solange der christliche Tagesablauf noch Gültigkeit hatte, zeigten die Glocken nicht nur die Zeit an, sondern erinnerten auch an eine Gemütshaltung, die alle zu dieser Stunde einnehmen würden. Glocken gaben den Bewegungen der einzelnen Seelen einen gemeinsamen Rhythmus. Der Wechsel von Konzentration zu Entspannung, von Arbeit zu religiöser Einkehr, von Alltag zu Festfreude vollzog sich als gemeinsames Hinhören auf die klingende Botschaft vom Kirchturm.

Die Extreme menschlichen Lebens – höchstes Glück, höchste Not und der unausweichliche Tod – wurden in Glockentönen artikuliert, die jedermann sofort verstand: die Feuerglocke vereinigte das Dorf im gemeinsamen Bestehen einer Gefahr; war das Unglück abgewendet, schallte der Dank an Gott und die Freude über das wiedergewonnene Leben in Glockentönen übers Land, für die Opfer wurde das Totenglöcklein geläutet und war erneute Erinnerung an Bedrohung und Rettung.

In seinem wunderbaren Buch »Die Sprache der Glocken« entdeckt der französische Kulturhistoriker Alain Corbin, dass menschlicher Lebensraum einst klingende Landschaft war. Die Glockenmotivik hält eine Kultur gemeinschaftsstiftender Klang-Sensibilität fest, die nicht erst im Zeitalter der elektronischen Medien verschwindet, sondern bereits in der frühen Visualisierung von Kommunikation, etwa durch Plakate und Anschläge, abgelöst wird.

Schillers Glocke verbindet noch einmal den konkreten Prozess des Glockengießens mit den symbolischen Botschaften des Geläutes und umschreibt dabei rituelle Kreisläufe, die dem individuellen wie gesellschaftlichen Leben strukturierend Sinn geben.

Nehmet Holz vom Fichtenstamme,
Doch recht trocken lasst es sein,
dass die eingepresste Flamme
Schlage zu dem Schwalch hinein.
Kocht des Kupfers Brei,
Schnell das Zinn herbei.
dass die zähe Glockenspeise
Fließe nach der rechten Weise.

Im Fortlauf des Gedichts werden die Metalle erhitzt und gemischt, wird die Legierung abgeschäumt und in eine in die Erde eingelassene Form gegossen. Dort kühlt die Glocke ab, bis sie aus der Form geschlagen werden kann und, emporgezogen, endlich klingt. Eingeflochten in diese mit Meisterstolz aufgerufenen Arbeitsschritte sind die Stufen eines Menschenlebens. Glockenschläge vollziehen den rituellen Übergang von Lebensabschnitten: Taufglocken begrüßen das Kind, Hochzeitsglocken geben der Jugend den Abschied und initiieren die Zeit der Reife, die Totenglocken begleiten den Weg aus dem Leben.

Ein zweites tragendes Motiv ist die Gewalt. Der reine Klang einer Glocke ist das Endprodukt eines gewalttätigen Schmelzprozesses, bei dem Feuer und flüssiges Metall kontrolliert und kanalisiert werden müssen. Große Passagen des Gedichts beschäftigen sich mit der Gefahr des ungezügelten verwüstenden Brandes, der zugleich ein Bild für entfesselten menschlichen Aufruhr ist. Unter dem Eindruck der Pariser Terreur warnt Schiller, der Ehrenbürger der Französischen Revolution:

Gefährlich ist's, den Leu zu wecken,
Verderblich ist des Tigers Zahn,
Jedoch der schrecklichste der Schrecken
Das ist der Mensch in seinem Wahn.

Schillers Lied von der Glocke ist auch ein Text über glücklich beherrschte Natur- und Menschengewalt. Die Glocke, durch das Feuer geboren, wirkt als reiner Versöhnungsklang. Aus dem schweren Erz gegossen, das aus dem Innern der Erde kommt, schwebt sie und grenzt an den gestirnten Himmel. Sie umfängt die Extreme der Materie und umschließt den universalen Kosmos. Als hohe Kunst der Irdischen läutet sie deren Vergänglichkeit.

Schillers Glocke lebt noch von der Utopie einer harmonischen menschlichen Gesellschaft. Die Glocke verkündet den allgemeinen Sinn und stiftet ihn im rituellen Läuten zugleich immer wieder neu. Bei Johann Wolfgang Goethe hingegen kündet das Glockenmotiv gerade vom Verlust des verbindlichen sozialen Lebens und des gemeinsamen Glaubens. Der Glockenklang leitet hier nicht länger das Individuum, sondern Glockenklang ist Irritation. Wie stark das Glockenmotiv dabei aber gerade ist, zeigt das monumentale Faustdrama, das mit einem Glockenzeichen beginnt und endet.

Faust, zur Selbsttötung bereit, lässt die Giftphiole sinken, als er die morgendlichen Osterglocken hört. Sie künden von der Auferstehung Christi, eine Glaubenswahrheit, die Faust nicht mehr teilt. Und doch wird der Glockenklang für ihn Grund genug, vor dem Tod noch einmal zu zögern.

Aber es ist nicht der augenblicklich gehörte Klang selbst, der für ihn das Erlebnis des Umschlags ausmacht, eher führt ihn der Glockenton zurück in eine frommere Kindheit. Erst die im Klang aufsteigende Erinnerung an frühe religiöse Einheitserfahrungen überwältigt ihn. Mit den Glocken, die ihm für einen Moment das Heile der Kindheit zurückbringen, ergibt er sich wieder dem Leben.

Dies Lied verkündete der Jugend muntre Spiele,
Der Frühlingsfeier freies Glück;
Erinnrung hält mich nun mit kindlichem Gefühle
Vom letzten, ernsten Schritt zurück.

Am Ende des Dramas wird der mittlerweile weltmächtige Faust von einem unscheinbaren Glöckchen irritiert. Bei seinen größenwahnsinnigen Landgewinnungsprojekten stört ihn das winzige Anwesen von Philemon und Baucis. Nun gibt es kein äußeres Hindernis, das ihn davon abhalten könnte, die alten Leute zu verjagen und ihre Linden zu fällen. Aber gerade ihr friedliches Leben nach den alten Gesetzen hat eine schutzlose Macht, von der ein Glöckchen kündet. Und der mächtige Faust muss sich gegen diesen Ton anstemmen.

Des Glöckchens Klang, der Linden Duft
Umfängt mich wie in Kirch' und Gruft
Des allgewaltigen Willens Kür
Bricht sich an diesem Sande hier.
Wie schaff ich mir es vom Gemüte!
Das Glöcklein läutet, und ich wüte.

Um das Land mit gewinnbringenden Handelswegen zu überziehen, lässt Faust Kanäle graben. Aber zugleich muss er entdecken, dass er für sein frühkapitalistisches Projekt auch den Himmel in seinem Gemüt wird ausheben müssen.
Bei Goethe taucht das Glockenmotiv auf, wo es um den Übergang von alter zu neuer Welt, von traditionalen, christlich geprägten Formen kollektiver Lebensführung zum Individualismus und Atomismus der Moderne geht. Die Glocke signalisiert Situationen des Umbruchs. Nicht immer erscheint dabei die vergangene Zeit als Epoche glücklicher Einfalt. In einem der psychologisch kühnsten Gedichte Goethes, »Die wan-

delnde Glocke«, figuriert die Glocke als Zeichen religiöser Repression. Das Gedicht erzählt die Geschichte eines unwilligen Kindes, das den Sonntagsgottesdienst schwänzen möchte und von seiner Mutter gemahnt wird, es solle nur gehen, sonst käme die Glocke und würde es holen. Das Kind folgt nicht und muss mit Entsetzen sehen:

Die Glocke, Glocke tönt nicht mehr,
Die Mutter hat gefackelt.
Doch welch ein Schrecken! Hinterher
Die Glocke kommt gewackelt.

Die Botschaft dieser Glocke ist nackte körperliche Gewalt. Die religiöse Macht, von der das Kind nichts mehr wissen will, kommt wie ein mythischer Dämon »hinterhergewackelt« und droht, den Abtrünnigen unter sich zu begraben und zu verschlucken. Die Mahnung aus dem Mund der Mutter gerinnt zur Glockenform, die schon Schiller als »metallnen Mund« bezeichnet hatte.
Diese matriarchalische Umschließung – bei Goethe ein Bild für den Schrecken, mit dem die alten Gewalten das emanzipationswillige Subjekt bedrohen – wird bei den Romantikern zur Imagination einer Verschmelzungssehnsucht. Sie verbinden die Form aus Metall mit der Glockenblume, die sich über die Farbe Blau leicht in das Bild des schützenden Glockenmantels Mariens oder das Blau der Glockenkuppel des Himmels überführen lässt. Das Glockenmotiv wird blau getönt und stark visualisiert. Und gleichzeitig löst sich die romantische Dichtung von der ursprünglich christlichen Folie dieser Bilder. Die Aura des Sakralen bleibt ihr ein ferner Grund in Visionen über die Liebe, die sie nun heilig spricht.
»Sanfter holder Hesperus am Himmel! Alle Sommer-

abende, die mein Auge in Träumen und Erinnerungen auf denen über mich erhöhten Unschuld-Auen verlebte, belohn' ich dir, versilberter schönster Tautropfe in der blauen Äther-Glockenblume des Himmels, indem ich dich zu einem Bilde der schönen Beata mache!«
Jean Paul war in der »Unsichtbaren Loge«, erschienen 1793, der Erste, bei dem die Motivverbindungen von Glocke, Blume, Himmel und mystischer Liebeserfahrung anklingen, die dann von Novalis im Zentralsymbol der Romantik, der Blauen Blume, poetisch ausgearbeitet werden. Bei Jean Paul erscheint der Abendstern als ein Tautropfen in der Glockenblume des Himmels, der zugleich von der schönen Beata kündet. Im Traum ist es wiederum eine blaue Blume, die zum Medium regredierender Verschmelzungssehnsucht wird. »Ihm kam es vor, als zerlief' er in einen reinen Tautropfen und ein blauer Blumenkelch sög' ihn ein.«
Den Vorschein ewigen Glücks und den Umschlag in melancholische Einsamkeit erlebt Jean Pauls Gustav über das Bild der verklingenden Abendglocke:
»Beglückte Seelen tauchten sich in die zusammengehenden Abendstrahlen und ein gedämpftes Jauchzen stand verhallend wie eine Abendglocke über dem himmlischen Arkadien; – nur Gustav lag verlassen im Silberschatten der Blumen und sehnte sich unendlich, aber keine jauchzende Seele kam herüber.«

In seinem berühmten, 1864 entstandenen Gedicht »L'Azur« gestaltet der 22-jährige Stéphane Mallarmé eine Auseinandersetzung mit dem Himmel, der ihn allein lässt, der ihm nichts mehr verspricht, ihn zugleich aber durch seine absolute Schönheit provoziert. In der Exposition des Seelendramas steht der Dichter unter der strahlenden, kalten Bläue des Himmels, die von keinem liebenden Vatergott mehr kündet. Er beschließt, diesen Himmel zu zerstören. Er will nicht länger durch die gelassene Schönheit des Absoluten herausgefordert sein. Er beschwört die Nebel und sein eigenes Desinteresse, er ruft den Ruß aus den traurigen Kaminen herbei, um das strahlende Blau auszulöschen. Endlich scheint es ihm durch Sprachmagie gelungen. Er triumphiert: »Le ciel est mort.« Jetzt ist er – wie Faust zu Beginn des Dramas – bereit, seinem Anspruch aufzukündigen und in Dumpfheit zu sterben. Und wie in Goethes Drama vollzieht sich an diesem Punkt der Umschlag. Aber nun künden keine Osterglocken von der Auferstehung des Herrn, sondern der Himmel selbst, das Absolute, ersteht neu im Glockenklang:

En vain! l'Azur triomphe, et je l'entends qui chante
Dans les cloches. Mon âme, il se fait voix pour plus
Nous faire peur avec sa victoire méchante,
Et du métal vivant sort en bleus angélus!

Il roule par la brume, ancien et traverse
Ta native agonie ainsi qu'un glaive sûr;
Où fuir dans la révolte inutile et perverse?
Je suis hanté. L'Azur! l'Azur! l'Azur! l'Azur!

Der Azur siegt, er kommt zurück in den Glocken, im blauen Angelusläuten. Und der Dichter erkennt die Sinnlosigkeit seiner Revolte. Aber in diesem einzigen Gedicht hat er zugleich gesiegt. Denn die letzten Worte, »L'Azur! l'Azur! l'Azur! l'Azur«, die das Absolute als gleichmäßige Glockenschläge evozieren, sind zugleich die Stimme, der schöpferische Atem des Dichters.
Der Gott der Moderne erscheint im Geist der Sprache. Mallarmé hat nach »L'Azur!« davon abgesehen, sich mit dem Absoluten zu messen. Er schrieb in der Folge

Gedichte über kleinere Dinge – einen Flakon, einen Fächer –, deren Dasein er sprachlich zu transformieren suchte in Musik.

Wenn kein Gott mehr die Sprache der Glocken sicher verbürgt, ist es die Literatur, die den Gestus annimmt, selber die Sprache der Glocken zu sein. Sie will es sein, die gemeinschaftlichen Sinn stiften kann. Thomas Mann lässt zu Anfang seines Romans »Der Erwählte« ein Wunder geschehen: Alle Glocken Roms beginnen auf einmal zu läuten. Wer aber läutet sie? Nach einem furiosen Geläute, das sich über zwei Seiten zieht, ist die Antwort ironisch wie lapidar: der Geist der Erzählung. »Kann denn der überall sein, hic et ubique, zum Beispiel zugleich auf dem Turme von Sankt Georg in Velabro und droben in Santa Sabina, die Säulen hütet vom greulichen Tempel der Diana? An hundert weihlichen Orten auf einmal? – Allerdings, das vermag er. Er ist luftig, körperlos, allgegenwärtig, nicht unterworfen dem Unterschiede von Hier und Dort. Er ist es, der spricht: ›Alle Glocken läuteten‹, und folglich ist er's, der sie läutet.«

II.

Im Bellevue Palace der Zimmermädchen

Unter der Nummer 490 ist Heidi Stettler lautlos erreichbar. Sie greift sich dann nur kurz an die schmale Taille und entschuldigt sich. Ein vibrierender Sensor am Rockbund lässt sie zum nächstliegenden Telefon eilen. Im Kosmos des Hotels, so schätzt sie, gibt es über zweihundert Telefone, auf jedem Flur allein vier. Jederzeit ist sie bereit, einem Gast seinen Wunsch zu erfüllen.
Heidi Stettler ist zuständig für die »Etage«, das heißt für den Fünf-Sterne-Wohnkomfort im Berner Bellevue Palace, dem Schweizer Staatshotel neben dem Bundeshaus. Die Fünfundzwanzigjährige ist die leitende der vier Etagengouvernanten und Chefin von 14 Zimmermädchen, 9 Lingerieangestellten, 5 Portiers und 5 Lehrlingen des dreijährigen Ausbildungsganges zur Gastronomiefachassistentin.
Nie ist die zierliche geschliffene Persönlichkeit gefragt worden, wie viele Spiegel das Grandhotel optisch erweitern. Sie sind ungezählt. Dabei sind die Spiegel, vornehmlich die Spiegelwände der Marmorbäder, ihre persönliche Leidenschaft. Sie besteht auf einem sauberen, nein, makellosen Sanitärbereich. Wenn sie auf ihren Kontrollgängen die frisch geputzten Bäder prüft und für gut befunden hat, schaltet sie die Deckenlichter wieder aus und schaut nochmals hin. Jetzt kann es sein, dass sich doch eine vage Schliere zeigt im Glanz über den Waschbecken, wo sich die Messingarmaturen zu einer unendlichen Reihe vervielfältigen. Dann zieht Heidi Stettler einen grünen, mit Room-Service-Uni-

versalreiniger eingesprühten Lappen aus ihrem dunkelblauen Jackett und wischt nach. Einen perfekt geputzten Spiegel erkennt man im Dunkeln.
Ein perfekt geputzter Spiegel ist ein blendendes Versteck. Er wirft den schönen Schein zurück und verbietet jede Frage nach einem eigenen Hintergrund. Hinter manchen Spiegeln des Hotels befindet sich tatsächlich nur das Mauerwerk einer Beton-Eisen-Konstruktion des 19. Jahrhunderts, das an das 18. erinnern soll, hinter anderen öffnen sich Schränke. Die Spiegeltüren der großzügigen Flure aber verbergen fensterlose Kammern. Unsichtbar verschließen sie rollende Regalwagen.
Der Zimmermädchenwagen ist der höchste und schwerste. Er trägt das basale Sortiment von gestärkten und auf Kante gefalteten großen und kleinen Kopfkissen, Leintüchern, Duvets, darunter feine Handtücher, Frotteehandtücher, Badetücher und Lavetten, Badeteppiche, und das Ensemble der Gästeauflagen, jene Fläschchen von pfirsichfarbenem Shampoo und das Badegel in Blau, die kleinen und die großen Seifen, das Döschen mit dem Schuhputzschwamm, die Nagelfeile, die Duschhaube, Streichhölzer, Postkarten, Briefpapier und -umschläge für die im Zimmer ausliegende Schreibmappe, und die Magazine und Broschüren, die die Schönheit des Hotels und die Schönheit der Stadt Bern versichern. An der einen Schmalseite hängt ein brauner Stoffsack für die Schmutzwäsche, an der anderen der weiße Müllbeutel, in den die durchsichtigen Müllsäckchen fallen werden mit ihren Erträgen aus den Salons, Bädern, Toiletten. Darunter ist Platz für zwei Putzeimer. Der Besen mit dem umschlungenen Bodenlappen steckt senkrecht wie ein Mast in der Halterung neben dem Wäschesack.
Leichter ist der Couverturewagen. Als 5-Sterne-Hotel

bietet das Bellevue Palace den abendlichen Service des Bettaufdeckens, die »Couverture« an. Dem Gast wird zudem eine Bettvorlage mit dreisprachigen Grüßen ausgelegt. Begibt er sich zum Schlafen, liest er das Compliment zur guten Nacht, steht er wieder auf, entziffert er die umgekehrten Schriftzeichen, die ihm den guten Morgen wünschen. Der Couverturewagen transportiert aufzufüllendes Verbrauchsmaterial und Nachschub an Badewäsche und schließlich die kleinen nachtblauen, aus Karton gefalteten Pyramiden, mit denen die Frühstückskarte auf dem frisch aufgeschüttelten Kopfkissen beschwert wird. In ihnen liegt ein Schokoladenkonfekt.
Dagegen ist der Gouvernantenwagen ein fast graziles Gefährt mit seinen schmalen Rosenvasen für das Arrivée, den Begrüßungskarten und jener Auswahl an Gästeauflagen, mit der die Gouvernante während des Kontrollgangs dem Zimmer den letzten Schliff gibt. An der Schiebestange hängt das duftneutralisierende Raumspray.
Im Grandhotel verborgen gibt es ein Hotel der Zimmermädchen. Davon erzählen die Telefone, die durch die dirigierte Aufmerksamkeit der allgegenwärtigen Etagengouvernanten die Distanzen im inneren Gefüge überbrücken, und das sagen die Spiegel, indem sie es strahlend verschweigen. Die versteckten Kammern führen in die Mitte jenes anderen Etablissements, das die Gäste in den Suiten kaum wahrnehmen, ohne das aber ihr erhöhtes Dasein nicht gelingen könnte.
Mirijana, 33 Jahre, putzt ein Zimmer auf »départ«. Im Unterschied zu »réstant« verlangt ein Raum, den ein abreisender Gast verlässt, die Grundreinigung. Es ist 7.30 Uhr, ein Freitag vor Pfingsten. Das Bellevue ist ein Geschäftshotel, es leert sich nun. Bis zur Mittagspause um 11.30 Uhr wird Mirijana acht »départs« haben, von

12.00 Uhr bis Dienstschluss um 17.00 Uhr weitere neun. Sie schiebt die langen Vorhänge zur Seite und öffnet das Fenster. Sie zieht zwei Kopfkissen ab, zwei Überbetten, die Leintücher, nimmt den Arm schmutzige Wäsche mit auf den Gang zum Wagen und kommt, die frischen, steifen Garnituren wie ein Präsent balancierend, zurück. Sie hebt die Matratze, schlägt das neue Leintuch so um, dass die Leintuchfalte mit der Matratzenkante eine klare Linie bildet. Dieser schnelle Griff, der zugleich das Tuch über dem Bett glatt zieht, verrät jahrelange Übung. Das Überziehen der Kopfkissen muss nicht gelernt werden. Mirijana ist etwa 1,70 Meter groß. Wenn sie die gemangelten Duvets ausschlägt, damit sie sich öffnen, braucht sie den Schwung ihrer ganzen Armspanne. Sie fährt mit den Ecken der Bettdecke hinein und schlägt beide zusammen mit aller Kraft aus, so dass sich der weiße Überzug über die getönte Füllung bauscht. Sie legt das Bett auf die Hälfte und streicht es glatt. Mit dem zweiten verfährt sie ebenso. Sie faltet die Tagesdecke auseinander, richtet sie, die linke Seite nach außen zur Mitte gelegt, symmetrisch aus, bis sie auf beiden Seiten über das Bett hängt und dabei den Boden knapp berührt. Sie schlägt sie weiter hoch bis zur unteren Kante der Kopfkissen, legt die beiden Kopfkissen knapp darauf und wirft den Rest der Decke nun über die Kissen. Es bildet sich eine schmale Kerbe, die das Bett optisch strukturiert. Nun wird die Decke nochmals gerade gezupft und sorgsam glatt gestrichen. Zwei letzte Griffe am Fußende erreichen zwei letzte Falten, sodass der Stoff wie ein gut geschnittenes Kleid fällt. Das Bett liegt nun da wie neu und nie berührt.
Mirijana nimmt die Tüten aus dem Mülleimer unter dem Schreibtisch, sieht nach, ob in der Schreibmappe etwas fehlt, bringt eine neue Mülltüte und einen neuen

Kugelschreiber. Sie hat ein Tuch eingesprayt und wischt Staub: Stühle, gläserne Tischplatten, den Buchständer mit den vier Magazinen, Lampenfüße, den Fernseher. Sie öffnet die Schubladen des Schreibtischs, dann die der Nachttische. Sie fährt mit dem Tuch über den Telefonhörer und das Telefonbüchlein des Hotels, richtet den Aschenbecher mit den Streichhölzern aus. Sie geht auf die Zehenspitzen, denn die Schränke sind hoch. Sie geht auf die Knie und fährt über den Boden des Kleiderschranks. Die Anzahl und Hängung der Kleiderbügel werden kontrolliert: rechts und links der Stange je vier Bügel für Hemden und einen mit dem Spannbügel für Hosen, die Haken in gleicher Richtung. Sie schließt den Schrank, prüft die Verspiegelung der Türen. Jetzt Fenster schließen, Vorhänge zuziehen, Übervorhänge ausrichten. Sie geht zum Zimmermädchenwagen und holt den Eimer und den Besen mit dem Putzlappen. Die Gästehandtücher im Bad fliegen auf den Boden, die Klobürste kommt in die Toilette und wird mit ein wenig Reiniger übergossen. Sie zieht die Abflussstöpsel aus den marmornen Becken und entfernt die Haare, putzt und trocknet die Flächen, die Zahnputzgläser. Sie steigt in die Badewanne und entfernt die Kalkspritzer von der gläsernen Tür, dann beugt sie sich von außen in die Wanne, schäumt die Wannenwände ein, spült nach, trocknet ab. Sie putzt die Spiegel und den runden Vergrößerungsspiegel, wickelt das Kabel des Föhns auf und hängt ihn in die Halterung. Die Toilettenschüssel wird von innen, dann von außen gewischt. Die Ecken des Bodens fährt sie in der Hocke nach. Sie nimmt die alten Handtücher fort und bringt neue.
Sie hat sich gemerkt, welche Gästeauflagen fehlen, und hat Ersatz dabei. Wenn sie sich täuscht, läuft sie dafür zweimal. In der Natur wächst Symmetrie; in einem

Hotel ist sie Handarbeit: unter die Waschbecken je ein feines Handtuch und ein Frotteetuch, auf die Waschbecken je ein Lavette, einen Schuhputzschwamm, eine Nagelfeile, das pfirsichfarbene Fläschchen, das blaue, die Duschhaube. Auf den Badewannenrand zwei Badezimmerteppiche, doch so, dass die Schrift »Bellevue Palace Bern« über beide hinwegläuft. Gut lesbar und sich in der Schrift ergänzend müssen auch die beiden Badehandtücher über den silbernen Radiatoren hängen. Mirijana schaut sich um. Mit dem umwickelten Besen geht sie abschließend über den Boden. Es ist 8.05 Uhr. Eines von 17 Zimmern ist fertig. Gäste, die hier schlafen möchten, bezahlen 490 Franken für die Nacht. Mirijana ist seit neun Jahren in der Schweiz, seit zwei Jahren im Berner Hotel Bellevue Palace. Sie ist verheiratet, doch ihre 17-jährige Tochter und ihr Mann leben in Jugoslawien. Die Familie, die Mirijana von der Schweiz aus ernährt, sieht sich einmal im Jahr. Im Durchschnitt bleiben einem Zimmermädchen bei einer 43-Stunden-Woche nach allen Abzügen 2000 Franken. Mirijana liegt über dem Schnitt, sie hat Erfahrung und ist exakt. Und sie ist flexibel; sie lebt allein und muss auf keine kleinen Kinder oder Schulferien Rücksicht nehmen.

Einen Stock tiefer schütteln Candida und Nina die Köpfe. Schließlich ist es unmöglich zu arbeiten, wenn von sieben Zimmern sechs die rote Karte haben. Die rote Karte an der Tür signalisiert, dass der Gast nicht gestört werden möchte, es ist 8.10 Uhr. Wie aber sollen sie weitermachen, wenn sie nicht in die Zimmer kommen? Die chinesische Delegation, die heute abreist, hat gar angekündigt, erst gegen 10.30 Uhr zu gehen. Kurz vor dem Mittagessen sind dann auf einmal sechzehn Zimmer frei. Candida und Nina werden in den fünften Stock gehen, um Hamida zu helfen. Jeden Morgen

erhalten die Zimmermädchen im Personalbüro von der Etagengouvernante einen kopierten Zettel mit den Zimmern, die sie übernehmen müssen. Wollen sie aber ihr Pensum bewältigen, müssen sie untereinander ihre Arbeit selbstständig koordinieren.
Nina hat heute Morgen erfahren, dass sie nicht, wie der Wochenplan es ankündigt, bis 17.00 Uhr arbeitet, sondern nur bis 15.00 Uhr. Die Belegung des Hotels ist geringer als erwartet. Auch die nächsten drei Tage hat sie unvorhergesehen frei. Solche Spontanentscheidungen seitens der Gouvernanten sind nötig, um die täglichen Lohnkosten auf der Etage pro belegtem Zimmer zwischen 20 und 30 Franken zu halten. Die kurzfristig geschenkte Arbeit wird nachgeholt. Deshalb stimmen Nina die unverhofften Ferien nicht nur froh. Sie ist 22 Jahre alt, ihr Sohn ist zwei. Nina arbeitet im fünften Jahr als Zimmermädchen im Bellevue, seit sie Mutter ist aber nur noch 60 Prozent. Sie ist in einem rumänischen Dorf bei Belgrad geboren und von der Großmutter großgezogen worden, während ihre Eltern in der Schweiz arbeiteten. Sie aber möchte ihr Kind bei sich behalten. Ihr Sohn spricht Rumänisch, im Kindergarten wird er Schwyzerdütsch lernen, in der Schule Schriftsprache. Weil das Rumänische nah am Italienischen ist und das Portugiesische nicht weit vom Italienischen entfernt, können sich die Jugoslawin Nina und die Portugiesin Candida gut verstehen. Das ist unter den Zimmermädchen nicht selbstverständlich. In der Kantine sitzen sie an zwei verschiedenen Tischen. Das hat nicht unbedingt etwas mit Nationalismus zu tun, sondern damit, dass, wer müde ist, sich nicht auch noch beim Sprechen anstrengen mag.
Candida arbeitet 100 Prozent und bezahlt 400 Franken im Monat für ein Kindermädchen. In ihrer Heimat war sie auf einer Wirtschaftsschule, in der Schweiz aber

zählt ihr gutes portugiesisches Diplom nicht. Eine höher qualifizierte Arbeit ist ihr kaum möglich, da sie zwar Deutsch spricht, es aber nicht schreiben kann. Sie wäre gerne in die französische Schweiz gegangen, gab aber den Wünschen ihres Mannes nach, der kein Französisch versteht. Früher hat sie in einem 3-Sterne-Hotel in Interlaken gearbeitet. Dort war die Bezahlung besser gewesen und die Arbeitsatmosphäre familiär. Aber die kleinen Ferienhotels in der Schweiz haben Probleme und können sich nur wenig Personal leisten. Krisenresistent, sagen die Zimmermädchen, bleiben die Grandhotels. Dort aber ist Trinkgeld kein Argument. Seit die Gäste mit Kreditkarten bezahlen, haben sie oft kein Münzgeld mehr. Und wenn einer etwas auf den Nachttisch legt, ist der Portier, der die Koffer hinunterträgt und das Zimmer saugt, meist schneller.
Ihre Utopien sind verschieden. Mirijana denkt an die Rente und die Rückkehr in die Heimat. Nina freut sich über ihr Kind, das ihr Kraft für die Arbeit gibt. Rosa, eine siebenundzwanzigjährige Schönheit von der Insel Madeira, mit perfekten Englischkenntnissen und gutem Französisch, folgte vor einem Monat einigen Freunden von London nach Bern. Dort arbeitete sie im Service, was hier nur möglich wäre, wenn sie Deutsch lernte. Nur, wie soll Rosa Deutsch lernen, am portugiesischen Tisch neben dem jugoslawischen? Eine wahrhaft pfingstliche Frage.
Für alle Zimmermädchen läge der Karrieresprung im Untergeschoss der Lingerie. Dort geht es darum, Maschinen zu bedienen, Wäsche glatt zu streichen, zu plätten. Die Arbeitszeiten sind streng geregelt und die Wochenenden frei. Vinka hat das geschafft. Heute ist sie 40 Jahre alt. Mit 15 heiratete sie ihren gleichaltrigen Freund. Mit 20 gingen sie in die Schweiz. Vinka hat einen Sohn von 23 Jahren, eine Tocher von zehn, ein

Enkelkind von drei. Sechs Jahre hat sie im Bellevue als Zimmermädchen gearbeitet, bis der Arzt, der ihren Rücken sah, es verbot. Jetzt bedient sie die drei Meter lange Mangel in der Wäscherei, die auf 120 Grad hochheizt, Tischtücher über Rollen führt und steif gebügelt auf einer schrägen Ebene abrutschen lässt. Ihre Heimatstadt Sarajevo hat sie nicht mehr gesehen. Sie habe auch Angst davor, nicht nur, weil die Stadt zerschossen wurde. Es sei schwierig zurückzukehren, wenn man in den schlimmen Jahren nicht dabei gewesen ist. Und dann käme man mit so einem Auto, als ein Schweizer Ausländer. Das habe sie sich in der Heimat doch ersparen wollen. Ihr Mann Ilija arbeitet gut gelaunt als Portier. Die beiden sehen sich viel und scheinen es nicht zu bereuen, als Kinder geheiratet zu haben.

Auch das Bellevue der Zimmermädchen hat ein Restaurant, die Personalkantine. Hier sitzen die jungen Floristinnen in Grün, die Damen der Rezeption in Dunkelblau, die Köche mit den hohen gestärkten Mützen, die Männer der »hinteren Dienste« in Arbeitskitteln, die Frauen der Lingerie in rosa-weißen, die Zimmermädchen in blau-weiß gestreiften Kittelschürzen, und abends, beim Essen vor der Couverture, erscheinen Zimmermädchen elegant in schwarzem Rock, weißer Bluse und Schürzchen. Dann gehen sie in die Zimmer der fremden Gerüche, hoffend, dass die Gäste schon beim Ausgang sind oder wenigstens auf dem Balkon rauchen, während sie ihnen die Schlafanzüge einladend auf den Betten drapieren. Hat ein Gast mittlerweile geduscht, muss das Bad im engen Rock lächelnd noch mal geputzt werden.

Bellevue-Angestellte haben das Recht, für 8 Franken pro Arbeitstag alle Mahlzeiten in der Kantine einzunehmen, auch an Tagen, an denen sie nicht arbeiten. So treffen sich viele auch in Sonntagskleidung am

Arbeitsplatz. Das Essen ist von hoher Qualität. Die Kaffeemaschine schäumt exzellenten frisch gemahlenen Kaffee, die bereitstehenden Mineralwasserflaschen dürfen kostenlos mitgenommen werden. Und oft gibt es etwas von der übrig gebliebenen exzentrischen Fülle eines Geschäftsbanketts oder einer italienischen Hochzeit. Manchmal essen Zimmermädchen zum Frühstück gezuckerte Erdbeeren vom Berner Markt des Vortags oder hausgemachte Mousse au Chocolat und abends Krabbenspieße auf Wildreis.

Und unter dem allgemeinen Kauen zieht der diskrete Charme des Grandhotels in die Kantine ein als Kolportage. Die libysche Großfamilie ist abgereist. Am Ende haben sie die halbe Schweiz eingepackt, nicht nur Schmuck und Schokolade, nein, sie ließen Zwetschgenbäume verladen und Schweizer Kraftnahrung für Kühe. Sollen das die Kamele fressen? Und diese Chinesen mit den schweren Thermoskannen heißen Wassers, und dann kleben in allen Tassen gerollte Blätter. Sie heften gemalte Schriftzeichen an die empfindlichen Lacktüren, die immer offen stehen. Und der schmale Herrenschneider aus Hongkong, der auf der Etage Kunden empfängt. Krawatten hingen von seinen Kronleuchtern! Oder der koreanische Gesandte, der kein Wort Englisch oder Deutsch konnte und pantomimisch klarmachte, er wolle Mineralwasser ohne Kohlensäure. Und diese schlampigen amerikanischen Mädchen, und die arabischen Knaben, die auf dem Boden essen und ihre Zigaretten im Kaviar ausdrükken. Oder die elegante Japanerin in der 600-Franken-Suite mit der Pizzaschachtel auf der Bettkante und ihre Tochter bügelnd vor laufendem Fernseher.

Aber in wenigen Tagen fängt ja die Session der Parlamentarier wieder an. Dann beginnt im Bellevue der Zimmermädchen die solide Zeit des Schuheputzens.

Der Teppichboden

»Die schönen Dinge«, sagt Kant, »zeigen an, dass wir in die Welt passen.« Was schön ist, lädt uns ein, da zu sein und dazubleiben. Wir dürfen ihm vertrauen. Die schönen Dinge trösten uns. Umso schlimmer, wenn wir beim Betreten eines Hotelzimmers mit instinktiver Sicherheit wissen, dass wir sofort wieder gehen sollten. Wir bleiben, denn das Zimmer ist einfach und doch eigentlich in Ordnung. Jemand hat gelüftet, das Bett ist frisch bezogen, der kleine Tisch vor das Fenster gerückt, wo hinter den Gardinen tief unten der Frieden eines leeren Innenhofes liegt. Es ist fast gemütlich. Was also gibt diesem Raum die besondere Aura einer abstürzenden Hässlichkeit? Wir sitzen auf der Bettkante, und der ganze Jammer des mühevoll Ordentlichen schaut zurück. Dezente Brandlöcher, wiederholt abgesaugt und ausgefranst, Gilbspuren von Verschüttetem, die jeder Shampoonierung standgehalten haben, bei der Tür die schattige Trittspur früherer Gäste, an den Randleisten Aufwerfungen. Das leise Elend des alten Teppichbodens schickt uns zweifellos fort, es zeigt an, dass wir mit der Welt zerfallen können.
Kaum ein Material kennt eine solche Fallhöhe wie der Teppichboden, besonders jene klassische Veloursauslegeware mit dem plüschartigen Flor, die zunächst zeitlose Eleganz in Hotel- und Direktionsetagen bringen sollte und bald ihren dezenten Repräsentationscharakter in den Wohnzimmern wirken ließ. Sanft und angenehm weich sollte das Leben sein.
Solange der Teppichboden neu war, war er gut. Aber schnell zeichnete ihn ein rapider Verfall aus, von dem

keine Steinfliesen, gebrannten Kacheln oder Holzdielen wissen. Selbst Linoleum altert langsam und mit der Würde jener Dekadenz, die nach Wachs riecht und an vergangene Schulzeiten erinnert oder an das Unheimliche von langen Krankenhausfluren. Auch zertretene Auslegeware hat einen Geruch, aber er bleibt unspezifisch und setzt kein Erinnern frei.
Was macht den Teppichboden so anfällig? Ist es sein Hochmut? Strebte er nicht gar danach – hochflorig und flauschig weich – Wolke zu sein und Erlebniswiese? Und war doch nur Trittfläche, interesseloser Grund und Boden unserer Fortbewegung? Ein afrikanischer Lehmboden will nichts anderes sein als ein afrikanischer Lehmboden. Tag für Tag festgetreten und Morgen für Morgen mit dem Reisigbesen gekehrt, ist er von schöner zimtfarbener Ewigkeit. Ihm kann nichts geschehen. Er wird nie lumpig sein. Er altert nicht.
Wer aber nun das Altern von Substanzen vorschnell mit ihrem Hässlichwerden gleichsetzte, würde irren. Nicht nur gibt es Gegenstände, wie etwa Musikinstrumente oder in anderer Weise Füllfederhalter, die erst durch den persönlichen Gebrauch ihre eigene Qualität, den Wert des Auserwählten erhalten – auch das, was da schlicht unter unseren Füßen altert, kann es auf schöne, liebenswerte Weise tun. Knarrende Holzböden, ausgetretene Marmorstufen, die Steinplatten in der Küche oder angestoßene Bodenkacheln im Bad sind, auch wenn sie älter werden, nicht auf jene schrille Weise schmuddelig wie ein nachdunkelnder Teppichboden. Dessen Anfälligkeit ist delikat; schon bei den ersten Spuren des Gebrauchs kippt er ästhetisch hilflos um.
Das Riskante des schönen Altwerdens ist nicht auf künstliche Stoffe beschränkt. Schon Blumen kennen es. Das weiße Maiglöckchen altert nicht schön. Es setzt

braune faulende Ränder an. Auch der Klatschmohn kann es nicht, auch nicht die robustere Sonnenblume. Hingegen altert, dem Alter zum Spott, die Hortensie. Sie blüht und verblüht zugleich, frische blaue oder rosa Blüten stehen neben den in Aquarellfarben verblassenden, schon trockenen. Rainer Maria Rilke hat darüber ein Gedicht geschrieben. Gut, auch ein Sonett über den Teppichboden wäre denkbar. Aber es gibt noch keines, oder? Und wenn, wäre es nicht so emphatisch, oder es müsste lügen. Orientteppiche dagegen sind über Jahrtausende besungen worden. Und wie wunderbar können sie alt werden. Staub und Dreck müssen auch sie schlucken, aber es scheint sie nicht zu berühren. Nur der Teppichboden saugt alles Elend ein – und sieht auch danach aus.

Hat der Teppichboden einfach nur Pech, weil er mit seinem Anspruch so zwischen die Welten fällt? Er ist nicht solide genug, um Boden zu sein, und nicht genug bedeutend, um an die Tradition der alten Teppiche anzuknüpfen, er ist nicht einmal Schmusedecke. Ein Teddybär, zum Beispiel, aus Plüsch oder Wollflor ist – vom Material aus gesehen – sein unmittelbarer Verwandter. Aber der verträgt eben alles. Abgeknutscht, klebrig, schmutzig, verzaust sind ihm die innigsten Plätze sicher.

Ein alter Teppichboden aber tröstet niemanden. Und es rettet ihn kaum die Liebe. Er bleibt allein merkwürdig.

Das Abendmahl. Ein postmodernes Familien-Triptychon

Linker Flügel
Wenn David O. im Dunkeln von der Schule nach Hause kommt, hat Kater Konrad Hunger. David löffelt dann Katzenfutter in den Fressnapf, der neben dem Küchentisch steht, wo sein Vater schon das Abendessen hergerichtet hat: Chinakohlsalat, Schafskäse, Oliven, das Glastellerchen mit Salami, im Körbchen aufgeschnittenes Brot, Sojamargarine. Zusammen tragen sie die Sachen hinüber ins Wohnzimmer auf den niedrigen Sofatisch und setzen sich in die grüne Plüschgarnitur. Vater Manfred O., 56 Jahre, Biochemiker im nahe gelegenen Provinzstädtchen, macht ein Bier auf; Sohn David, 14 Jahre, Gymnasiast in der entfernteren Universitätsstadt, mischt Orangensaft mit Sprudel. Unter dem Blätterdach von Papyrus und Kübelpalmen erscheint die Fernsehsprecherin wie Jane im Dschungel. Beruhigend rauscht das Wasser im 200-Liter-Aquarium, wo zwischen erleuchteten Pflanzen silbrige Skalare und pfeilspitze Neonfische sich drehen und stehen und plumpere Antennenwelse ihre runden Saugmäuler über die Glasscheibe ziehen. Während Kater Konrad in die Sofaecke auf seinen Hirtenteppich springt, um sich leckend die Pfoten und Krallen zu reinigen, kauen Vater und Sohn andächtig vor den Nachrichten aus der Welt. Heiliger Feierabend.
Im Wohnzimmer der Familie O. hängen Bilder von drei Kindern: Die Photographie eines brav frisierten

Mädchens, die eines runden Säuglings und das Aquarell eines südländisch wirkenden Knaben. Das Aquarell trägt das Datum 1974 und stammt von Manfred O. In diesem Jahr hatte der 31-jährige Laborant die 30-jährige Sozialpädagogin Sabine geheiratet. Die sportliche, schwungvolle Frau brachte das Pflegekind Michael mit in die Ehe. Sie hatte den Knaben in einem Waisenheim kennen gelernt und das als schwer erziehbar geltende Kleinkind in ihre Wohngemeinschaft mitgenommen. Sie wollte, wird ihr Mann später formulieren, immer Verantwortung auf sich nehmen und habe sich immer übernommen. Manfred O. ist fasziniert von der dynamischen Frau mit der braunen Haut und dem strohblonden Haar. Er als der Ruhigere meint heute, die Risiken ihrer mutwilligen Selbstüberlastung gesehen, gleichzeitig aber geglaubt zu haben, dass wenn er selbst nur alles gut mache für die anderen, es auch gut werde.
Er liebt seine Frau, die er ändern will. Nach der Eheschließung adoptiert das Paar den mittlerweile 8-jährigen Michael. Ein knappes Jahr später wird ihr Kind Elisabeth geboren. Michael entwickelt sich zu einem komplizierten Jugendlichen. Er schafft zwar den Hauptschulabschluss und eine Lehre; Kontakte zur Drogenszene führen ihn aber nach Berlin, wo er oft für Wochen ganz verschwindet. Heute registriert Manfred O. mit leiser Genugtuung, dass Michael doch noch Fuß fassen konnte. Er machte auf einer Frankfurter Abendschule die Mittlere Reife und ist heute Vater von zwei Töchtern, an denen er zärtlich hängt. Er plant, das Abitur nachzuholen, denn er möchte Musik studieren. Das gemeinsame Kind Elisabeth wächst als unproblematisches Mädchen im Windschatten der brüderlichen Katastrophe auf. Wenige Wochen vor ihrem neunten Geburtstag wird David geboren. Eigentlich, sagt Man-

fred O., waren alle unsere Kinder ein wenig Einzelkinder. Bei Davids Geburt ist seine Mutter Sabine eine schöne Frau von 42 Jahren, die wesentlich jünger wirkt. Den Nachbarn gilt Familie O. als der verwirklichte Traum vom ehelichen Glücksversprechen.
David und sein Vater haben die Teller in die Küche gebracht, und David hat begonnen, auf dem Sofatisch Mathematikaufgaben zu machen: »Ein großer Lastwagen muss zwanzigmal voll laden, um das Baumaterial zu transportieren; ein kleiner muss dafür dreißigmal laden. Wie oft müssen beide beladen werden, wenn sie gleich oft fahren sollen?« Als das Telefon läutet, erklärt David die Angelegenheit grinsend einem Klassenkameraden. Um 21 Uhr muss er ins Bett, ohne noch ein Computerspiel gespielt zu haben.
Mit beginnender Pubertät von Elisabeth wächst eine Rivalität zwischen Mutter und Tochter. Schwierigkeiten im sozialpädagogischen Beruf und Überforderung durch die späte, gewollte Mutterschaft mögen dazu beigetragen haben, dass sich die psychische Verfassung von Sabine O. verschlechtert. Sabine O. reagiert immer häufiger »aggressiv« auf ihre Kinder, wie es Manfred O. scheu formuliert. Freunde sehen die beginnende Katastrophe und raten zur Trennung. Manfred O. findet diesen Gedanken absurd. Er sagt von sich, stark harmoniebedürftig zu sein. Eine Ehescheidung habe sein Lebensplan nicht vorgesehen. Sabine versucht eine Therapie und bricht sie ab. Elisabeth ist 16 Jahre alt, als sie in die nächste Stadt zum Jugendamt fährt und bittet, nicht mehr in ihre Familie zurückzumüssen. Für ein halbes Jahr kommt sie in der Familie einer Klassenkameradin unter. Nach den Weihnachtsfeiertagen 1992 verschwindet die Mutter mit dem kleinen Sohn. Beide kehren an Neujahr völlig verstört zurück. Das 6-jährige Kind hatte seiner Mutter ver-

sprechen müssen, über diese Tage zu schweigen, was es auch tut. Manfred O. bekommt Angst.

Um zehn gehen die Fische schlafen. Eine Zeituhr schaltet das Licht aus, und es wird dunkel im Aquarium. Kater Konrad liegt schamlos entspannt in der griechischen Wolle.

Bei der Scheidung gibt Manfred O. der Bitte seiner Frau nach, das Sorgerecht mit ihr zu teilen. Elisabeth, einst eine gute Schülerin, sackt während der familiären Wirren in der Schule so weit ab, dass die Lehrer den Austritt aus dem Gymnasium nahelegen. Elisabeth aber habe damals gesagt: Papa, wir ziehen das mit der Familie durch. Und ich mache mein Abitur. Heute lebt sie mit ihrem Freund in der nahe gelegenen Universitätsstadt; sie studiert Sport und Französisch.

Wie seine geschiedene Frau hat auch Manfred O. nicht mehr geheiratet. Nach der Trennung unterhielt er für die Dauer eines Jahres eine Liebesbeziehung. Als er sich jedoch immer stärker vor die Alternative gestellt sah, entweder zu der neuen Frau zu halten, die seinen Erziehungsstil nicht gutheißen konnte, oder zu seinen Kindern, die seine Fürsorglichkeit und Kameradschaftlichkeit schätzten, habe er, obwohl ihm das sehr schwer gefallen sei, die Beziehung abgebrochen. Er habe das Gefühl gehabt, seiner Tochter Elisabeth, die sehr gelitten habe, etwas zurückgeben zu müssen.

Davids Funkwecker klingelt morgens um 6 Uhr, zehn Minuten später steht er auf, macht sich ein Müsli, um 7 Uhr fährt sein Bus in die Stadt zur Schule. Die Kleinstadt, in der Manfred O. arbeitet, liegt näher, so haben beide das Arrangement getroffen, dass der Vater bis 6.25 Uhr schlafen darf. Dafür kocht er in seiner Mittagspause täglich ein warmes Essen, und wenn David will, kann er einen Freund mitbringen. David hat unter dem Dach ein großes Zimmer; wenn er Geburtstag feiert, schläft dort die ganze Truppe. David ist bekannt für seine Feste. Er ist ein überdurchschnittlich guter Schüler, Lieblingsfächer Biologie und Mathematik. Er singt im Chor und ist in einer Tischtennis-AG. Zu seiner Mutter, die er jedes zweite oder dritte Wochenende sieht, hat er heute ein fast begütigendes Verhältnis. Er kann ihr nicht nur bei Computerinstallationen helfen, er kann ihr auch einiges nachsehen.

Manfred O. liebt seine Arbeit, und es macht ihn ein wenig stolz, daneben das Familiengleichgewicht im Haus mit David zu halten. Als allein erziehender Vater mit einem nicht abbezahlten Haus hatte er anfangs finanzielle Probleme. Während der Ehe leistete sich die Familie eine Putzhilfe; heute putzt und wäscht er selbst. Bügeln, sagt er, tut er kaum, er hängt die Hemden eben sorgfältig auf und zupft sie zurecht. Manchmal bemerkt er eine Art schleichende Vereinsamung, ein zunehmendes heimliches Abrutschen in die bloße Funktionserfüllung. Man sorge immer nur noch und frage sich dann, wo das eigene Leben sei. Natürlich genieße er die Freiheit, im Grunde tun und lassen zu können, was er wolle, aber er möchte sich nicht daran gewöhnen. Es werde immer schwerer, jemanden zu finden, der in diese Zweisamkeit mit David hineinpasst. Neben der Tür hängt ein ausgeschnittener Kalenderspruch: »So sechse wie uns fünf gibt's keine vier anderen mehr, denn wir drei sind die zwei einzigen.«

Altarbild

Sonntagabend. Der Salon der Familie M. liegt im Bereich der ehemaligen Scheune ihres stilsicher renovierten Bauernhauses aus roten Backsteinen. Die alte Außenwand ist nun weite Fensterfront, die parallele

Innenwand verstärken deckenhohe Bücherregale, auf einer kleinen Empore steht ein schwarzer Bechstein-Flügel. Die fünf Individuen, die nun hier zur regelmäßigen Abendessenszeit um 19 Uhr an einem alten Refektoriumstisch sitzen, haben fünf verschiedene Tage verbracht. Thomas, 15 Jahre, war als Kontrabassist auf einer Musikfreizeit; Raffael, 13 Jahre, hat Lateinvokabeln wiederholt, je eine halbe Stunde Geige und Klavier geübt und in »Krieg und Frieden« gelesen; Markus hat sein Zimmer umgeräumt, und zwar so, dass seine Turnmatte in die Mitte zu liegen kam, und er nun ungehindert Flickflack unter dem Dachgiebel üben kann. Markus erhält zwar wie seine Brüder Unterricht auf zwei Instrumenten – der Zwölfjährige spielt seit sieben Jahren Geige, seit fünf Jahren Klavier –, er ist aber zudem erfolgreicher Turner in der Auswahlmannschaft seines Vereins. Mutter Veronika, freiberufliche Lektorin, hat den Sonntag genutzt, um sich auf einen Intensivkurs Russisch vorzubereiten. Sie möchte gerne einige Dinge im Original lesen. Vater Georg, Jurist in einer Anwaltskanzlei, hat am Morgen die Küche aufgeräumt, denn das samstagabendliche Streichquartett mit Freunden war in ein Fest übergegangen, das Spuren hinterließ. Dann kam er in sonntäglicher Muße dazu, liegen gebliebene Papiere auf seinem Schreibtisch zu sichten, Überweisungen auszufüllen, am frühen Nachmittag hat er seinen Kontrabassisten Thomas mit dem Auto von der Musikfreizeit abgeholt, unterwegs etwas Kuchen fürs Kaffeetrinken eingekauft und am späteren Nachmittag war er endlich wieder einmal dazu gekommen, Schuberts Neunte zu hören. Von familiären Sonntagsunternehmungen könne also eigentlich nicht die Rede sein. Der Vater zögert: von der gemeinsamen Aktivität des Ausschlafens einmal abgesehen.

Weil Sonntag ist, gibt es abends etwas Warmes. Mit Nachtisch, sagt Raffael. In der Mitte des Tisches steht nun die Pfanne mit Putengeschnetzeltem und Lauch, daneben eine kleine Schüssel gesalzener Erdnüsse, eine größere mit grünem Salat und eine zweite mit Bandnudeln. Die Schüsseln werden weitergereicht, jeder nimmt sich in eine Tonschale, was er möchte, und beginnt, mit einer Gabel zu essen.

Veronika, 46 Jahre, und Georg, 42 Jahre, haben sich im August 1979 bei einem gemeinsamen Freund kennen gelernt. Im Juni 1982 heirateten sie, im September des folgenden Jahres wurde Thomas geboren, im März des übernächsten Raffael und wieder im September anderthalb Jahre später Markus. Im Unterschied zu ihrem Mann hatte Veronika sich auch ein Leben ohne Kinder vorstellen können. Man habe sich, sagt sie, dann dazu entschlossen. Georg räumt ein, dass er seinem Kinderwunsch ungetrübter folgen konnte, da er auf eine berufliche Karriere nicht habe verzichten müssen. Seine Frau, die mehrere Sprachen fließend spricht und mit summa cum laude promovierte, wollte ihren Alltag nicht mit Omas und Kinderfrauen organisieren müssen. Warum, würde sie sich gefragt haben, unter solchen Bedingungen eigentlich Kinder haben?

Der Wecker im Schlafzimmer der Eheleute M. klingelt um 6.00 Uhr. 6.05 Uhr stehen sie auf und gehen in die beiden Bäder des Hauses. Etwa 10 Minuten später weckt die Mutter Raffael, dessen Zimmer neben ihrem Bad liegt, der Vater weckt den Ältesten Thomas, indem er dessen Zimmertür auf- und das Licht im Gang anmacht, und anschließend Markus, der möchte, dass er mit dem Krokodil und der Giraffe in seinem Bett noch ein Wort spricht. Falls die schon gesprächig sind. Wenn die Knaben an den Tisch kommen, sind Tee und Kaffee fertig und jeder wählt unter verschiedenen

Müslis und Joghurtsorten seine je eigene Kombination. Familiengerichtlich, sagt die Mutter, wurde morgendliches Lesen während des Frühstücks untersagt, bis auf samstags, da teilt sich die Familie die hessischen Lokalnachrichten. Kurz nach 7 Uhr verlassen die Kinder und der Vater das Haus. Außer Blumengießen, sagt Veronika M., mache sie bis 12.45 Uhr dann nichts mehr für den Haushalt. Sie geht in ihr Zimmer und lektoriert. Die Familie hat eine Putzhilfe. Um 13.30 Uhr kommen die Kinder wieder. Was Veronika in einer Dreiviertelstunde nicht kochen kann, gibt es werktags nicht zu essen. Jeden Mittag ruft der Vater an und erkundigt sich nach den Seinen und der Post.
Um 19 Uhr sieht sich die Familie beim gemeinsamen Abendessen. Um 20 Uhr zieht sich jedes der Familienmitglieder wieder in sein eigenes Zimmer zurück. Die Familie hat keinen Fernseher. Ich wüsste nicht, sagt Veronika, wann ich schauen sollte. Zwischen 21.30 und 22 Uhr gehen die Kinder selbständig schlafen; nur Raffael schätzt noch eine kleine Gutenacht-Zeremonie.

Beim sonntäglichen Abendeis mit Schlagsahne ist die Familie sich einig, dass sie keine größeren Probleme hat. Ihre Mitglieder leben nach Regeln, die monastische Konzentration und Ordnung mit persönlicher Selbstbestimmung verbinden. Familienschwierigkeiten gebe es heute vor allem in den Ferien. Ich bin, sagt Thomas, einfach nicht mehr gewohnt, so viel mit meinen Brüdern zu machen. Und Markus sagt, er wolle endlich einmal nach Spanien fahren oder nach Portugal und nicht zum Wandern nach England. Und Raffael sagt, man müsse in den Ferien überhaupt nicht immer wegfahren, man könne gut auch zu Hause bleiben. Die Eltern glauben, dass Probleme vor allem durch zu große Nähe entstehen. Deshalb versuchen sie, genügend große Ferienhäuser anzumieten, in denen man sich ausweichen kann.

Raffael möchte nicht heiraten, und er möchte schon gar keine Kinder. Auf keinen Fall. Markus möchte heiraten und Kinder haben und einen Bernhardinerhund. Thomas möchte sich zu dieser Frage noch nicht äußern müssen.

Die Kinder sind evangelisch getauft, aber nur Veronika besucht regelmäßig den Gottesdienst. Das Fest der Heiligen Familie ist Anlass für einen gemeinsamen nächtlichen Gang über die Felder in die Kirche. Während der Adventszeit stellen Thomas, Raffael, Markus, Veronika und Georg ein ausgeklügeltes Gebäcksortiment her, von mandelhaltigen Aprikosentalern bis zu zitronengussbestrichenem Zedernbrot. Man probiert während des Backens schon mal ein Plätzchen, wenn eines zerbricht, aber die gefüllten Dosen werden erst im Licht der brennenden Wachskerzen des Weihnachtsbaums geöffnet.

Aufbruch zum individuellen Abend: Markus geht turnen, Raffael zieht es zu »Krieg und Frieden«, das er in einem blauen Luftkissensessel liest, und vielleicht hört er noch ein wenig György Kurtág oder Karl Amadeus Hartmann. Thomas wird das Radio anmachen und im Spiegel blättern. Oder er schaut in seine CD-ROM »Stephen Hawking, Eine kurze Geschichte der Zeit«. Jedes der Kinder, das den Tisch verlässt, nimmt Geschirr mit in die Küche zur Spülmaschine. Dann verschwinden auch die Eltern in ihre Zimmer zu Musik und Buch.

Rechter Flügel
Ein Photo über dem Kühlschrank zeigt die Rückenansicht zweier nackter Kinder am Strand, Seite an Seite, vor sich das offene Meer. Heute sind Lena, genannt Pünktchen, und Anton 15 und 17 Jahre alt, aber so wie sie jetzt in die Küche kommen und suchend schnüffeln, was es wohl zum Abendessen gibt, sind sie das vertraute Duo wie in Kindertagen. Aus Pünktchens Anorakärmel zittert die filigrane Nase einer weißen Albinoratte. Das ist Hugo. Pünktchen hat ihn zusammen mit einer Freundin gekauft, nachdem Antons Ratte gestorben war. Die Ratteninfrastruktur, den Käfig, konnte Pünktchen von Anton übernehmen, so wohnt die Teilratte jetzt bei ihr.
Es gibt warme Hackfleischbuletten mit Ketchup und Meerrettich und Brot, aufgewärmte bunte Nudeln vom Vortag und grünen Salat mit Ei. Um den großen runden Schleiflacktisch im Wohnzimmer sitzen Andrea, 46, ihr gegenüber Jakob, 44, rechts zwischen ihnen Anna, 8, und links zwischen ihnen Pünktchen und Anton. Jens, 24, lebt in einem Dorf im Wendland und ist nicht mehr täglich dabei. Die Schüsseln kreisen auf einem Drehbrett in der Mitte des Tisches, als führen sie mit Sprudelflaschen Karussell. Erst seit sechseinhalb Jahren tragen alle Menschen, die jetzt zugreifen, denselben Familiennamen. Denn auch nach Annas Geburt, die das einzige gemeinsame leibliche Kind von Andrea und Jakob ist, wollte das Paar, das sich seit 13 Jahren kennt und seit 10 Jahren zusammenlebt, nicht unbedingt heiraten. Es geht sich leichter auseinander, sagt Andrea, ohne Trauschein. Wenn wir, habe sie sich gedacht, nach einigen Jahren eine wirkliche Tiefe zueinander gefunden haben, wenn wir uns dann immer noch lieben, dann können wir vielleicht auch heiraten. 1969 heiratet die Tochter aus gutem Haus 17-jährig,

geschmückt mit einem Hippieblumenkränzchen, einen gleichaltrigen Sohn der Arbeiterklasse. Heirat, das war für sie Ausbruch aus den Konventionen der großbürgerlichen Kleinfamilie. Wir wollten, sagt Andrea, es unseren Eltern zeigen. Und wir haben es ihnen auch gezeigt. Immerhin fünf Jahre lang. Nach der Trennung von ihrem Mann stellt Andrea fest, dass sie schwanger ist. Mit dem 1974 geborenen Jens zieht sie in eine Wohngemeinschaft, von deren Solidarität die junge Mutter sich getragen fühlt. 1980 lernt sie einen Regisseur kennen, den sie zwar nicht heiraten wird, von dem sie aber nach drei Jahren ein Kind empfängt. Zunehmend versteht sich der Vater als kreativ Schaffender, der letztlich an keine Familie gebunden sein kann. Als Pünktchen zwei Jahre alt ist und Jens elf, ist Andrea wieder allein erziehende Mutter. Sie liebt ihre Kinder und hält die Zerrissenheit zwischen ihrem Beruf als Graphikerin und ihrer Fürsorge als Mutter aus. Die Familie gedeiht in einem schwankenden Gleichgewicht. Die Trennung von dem Mann kann sie auch als Erleichterung empfinden: nun habe sie wenigstens nur noch für die Kinder zu sorgen gehabt. In dieser Zeit lebt Jakob bereits von der Mutter seines Sohnes Anton getrennt. Als sich Andrea und Jakob finden, haben beide Grund genug, vorsichtig zu sein.
Sie kaufen das großzügige, in einem Garten gelegene Haus eines alten Apothekerehepaars aus den 30er-Jahren. Andrea und Jakob ziehen mit Andreas Kindern, Jens und Pünktchen, ein. Anton, der noch bei seiner Mutter wohnt, kommt zunächst nur zu Besuch, hat aber von Anfang an im Haus ein eigenes Zimmer. Als Anton 1990 fest einzieht, ist er ein irritierter neunjähriger Junge. Andrea spürt, dass sie Anton, der manchmal aggressiv ist, helfen kann, und sie bemerkt, dass auch er ihr hilft. Durch Anton relativiert sie manche Abstür-

ze ihres eigenen älteren Sohnes Jens. Sie erkennt, dass sie auf Anton unmittelbarer zugehen kann, da sie ihm gegenüber frei ist von Schuldgefühlen. Sie lernt, diese Schuldgefühle in Frage zu stellen und Probleme des Kindes nicht nur sich selbst zuzuschreiben. Man mache es, sagt sie, ja immer so gut, wie man kann. Und in der neuen Familie hat Anton Pünktchen. Ein unverhofftes Glück.

Als Andrea mit 38 Jahren schwanger wurde, waren alle überrascht. Jakob erwog, ein Jahr Kinderpause zu machen, aber als selbständiger Solartechniker in einem selbst verwalteten Betrieb war das nicht so einfach. Heute sagt er, sei er schlicht derjenige, der das Geld verdiene, und Andrea sei die, die die Familie zusammenhält. Und er glaube, dass sie das im Augenblick auch ausfülle. Andrea hat zwei Kinderbücher gezeichnet und all die Jahre hart als Graphikerin gearbeitet. Jetzt leistet sie es sich, ihren Sinn für Schönheit in die Führung eines freundlichen gastoffenen Hauses zu legen. Rituell begleitet sie den Jahreslauf, von den Osternestern bis zu den Barbarazweigen, und an Weihnachten brennen auf dem geschmückten Baum Wachskerzen neben den elektrischen, die Jakob, energiesparend, mit einer Zeitschaltuhr versehen hat. Das Ehepaar scheint einander dankbar zu sein. Streit empfinden beide nie als so existentiell, dass einer spüren würde: jetzt geht wirklich etwas kaputt.

Pünktchen und Anton haben Stieleis aus der Tiefkühltruhe geholt und bereden, was sie noch machen sollen. Um 21 Uhr müssen sie wieder zu Hause sein. Anna schreit, dass in der Tiefkühltruhe zwei riesige Eiszapfen liegen, die seien wunderschön und die würde sie im Hochsommer ihren Freundinnen zeigen. Pünktchen beschließt, einen Freund aus der Nachbarschaft einzuladen, der ihr die mathematische Dunkelzone

»Strahlensätze und zentrische Streckungen« etwas aufhellt. Sie ist gerade nicht so besonders gut in der Schule, meint aber festen Willens zu sein, es wieder zu werden. Sie geht auf ein musisches Gymnasium und spielt Saxophon und Altflöte. Nachdem sie ihre Eltern vier Jahre lang bearbeitet hat, kann sie seit kurzem ihr Zimmer nicht nur mit dem Meerschweinchen Max, dem Hasen Otto und der Ratte Hugo teilen, sondern auch mit einem eigenen Fernsehapparat. Sie gibt zu, gerade ein bisschen viel zu schauen, die Tendenz sei jedoch ganz klar fallend. Andrea und Jakob werfen sich einen skeptischen Blick über den Tisch zu.
Er selbst sehe auch gerne fern, sagt dann Jakob. Andrea und Anton mögen es nicht so sehr. Anton besucht die letzte Klasse der Realschule und möchte eine Lehre als Firmenelektriker beginnen. Das sei eine Tätigkeit, bei der man geregelte Arbeitszeiten habe und auch häuslich sein könne. Sein Hobby ist Skateboard-Fahren, am liebsten mit Musik, etwa Fun Funk, dann geht es besser. Nach ihrem Hobby gefragt, hat Pünktchen einmal ein Blatt voller Babys gezeichnet. Heiraten möchte sie aber nicht, das mache nur Stress und gehe dann doch auseinander. Kinder hingegen hätte sie gerne, aber erst, wenn sie alt sei, also etwa mit 30, und vielleicht würde sie diese Kinder auch mit einem Mann großziehen wollen. Anna möchte sechs Kinder und weiß, dass im Alter Papa und Mama bei ihr wohnen, und sie hat dann ein Pferd und Ziegen und Hunde. Ihr Berufswunsch ist Förster, und zum Fasching wird sie Spinne.

Anna ist vom Tisch hinüber auf das weiße Sofa gerutscht und schaut das Ende eines Films auf dem Kinderkanal an. Dann wird Jakob mit ihr ins Zimmer gehen und wie jeden Abend ein Kapitel vorlesen und auf einen energischen Protest aus zwei klaren Augen hin vielleicht auch zwei oder drei. Danach kommt Andrea in Annas kleines Kinderzimmer, in dem sich die geerbten Schätze von Pünktchen und Anton und Annas eigene Herrlichkeiten wie ein Kartonhaus und ein Pappmascheeschwein in die Quere kommen. Sie setzt sich an das Bett mit dem weißen Stoffbaldachin und fragt: Anna, was war heute gut, und was war heute schlecht? Und dann singt sie ihr ein Abendlied.

Die Angst

Man muss sie an den Tisch bitten. Am besten ist, man sagt: »Setzen Sie sich doch. Und lassen Sie sich einmal ansehen.« Das hat sie nicht gern. Ich biete ihr dann natürlich nichts an. Ich sage nur: »Setzen Sie sich doch einfach mal hier an den Küchentisch.« In der Küche ist es am einfachsten. Ich möchte sie nicht in der Bibliothek haben oder dort, wo ich schlafe. Wenn sie da auftaucht, gehe ich sofort in die Küche und fordere sie auf, mir zu folgen. Das beeindruckt sie fürs Erste.
Unter allen Tieren in mir ist die Angst das wildeste. Am gefährlichsten ist es, wenn man sie im Rücken hat und sich von ihr jagen lässt. (Es hat schon schlimme Situationen gegeben.) Deshalb darf man, sitzt sie einmal am Küchentisch, auf keinen Fall zu früh aufstehen und sich umdrehen. Dann springt sie los, und man hat dann kaum mehr den Mut zu sagen: »Setzen Sie sich doch bitte wieder hin.« Sondern man rennt. Und natürlich ist sie schneller und überrennt einen. Ich bin mir nicht ganz im Klaren darüber, inwieweit sie Argumenten zugänglich ist. Ich glaube aber, sie gibt nicht so sehr viel auf Begründungen. Sie selbst spricht ja nicht. Sie hechelt.
Es ist das Anschauen, das sie bannt. Wenn man sagt: »Lassen Sie sich doch einmal genau anschauen«, wird sie blass. Sie kann so blass werden, dass einen schon wieder das Mitleid packt. Und dann kommt man auf so aberwitzige Zweifel. Möchte man wirklich, dass sie gar nicht mehr da ist, in dieser gemischten Gesellschaft, der man Logis gibt? Die Angst nämlich ist, wie

ihr Name ja sagt, selbst ausgesprochen ängstlich. Sie setzt sich nicht gerne aus. Sie kommt immer von hinten. Unerwartet, vielleicht heimtückisch. Raubtierhaft. Ihr Wesen ist Beschleunigung. Sie jagt, sie rast und sie spannt die Seele in ein Laufrad, wie es sie für kleine Felltiere gibt. Deshalb ist es ihr zuwider, wenn man sagt: »Setzen Sie sich doch einfach einmal ruhig an den Küchentisch und lassen Sie sich anschauen, wir haben doch Zeit.« Sie hat keine Zeit, sie ist immer auf dem Sprung. Und deshalb quält es sie ungemein, wenn jemand ihr sagt, dass er Zeit habe und dass sie auch Zeit habe. Vielleicht ist sie überhaupt am einfachsten durch Langsamkeit zu zähmen. Schon wie man sie auffordert, sich zu setzen, muss sehr langsam, fast behutsam geschehen.
Nie und auf gar keinen Fall darf man anfangen zu rennen. Wenn man sie von hinten wittert, wie sie Anlauf nimmt, muss man sich mit aller Kraft umdrehen und sie anschauen und ganz ruhig sagen: »Wissen Sie, wir sollten uns setzen.«
Manchmal ist es dafür zu spät. Aber besser als rennen (was wohl tödlich sein kann) ist dann immer noch, paradoxerweise, man ergibt sich ihr. Sie reagiert instinktiv wie manche Tiere auf die Rituale des Unterwerfens. Man zeigt ihr sozusagen die Kehle und ist bereit, sie auszuhalten. Dann mag sie nicht mehr. Sie ist eine Jägerin und obwohl sie immer hungrig ist, nimmt sie keine Opfergaben. Hingabe ist ihr widerlich. Schon Freundlichkeit blamiert sie. Vielleicht sitzt sie deshalb so ungeschützt am Küchentisch.
So weit arrangiere ich mich also mit ihr. Nur manchmal denke ich, was ich denn tun soll, wenn ich ausziehen muss und dann keine Küche mehr habe.

Beninesische Balancen

Wo ich denn herkomme, schreit der Fahrer des Mopedtaxis über die Schulter. Ob man dort auch Französisch spreche wie hier, oder Englisch wie in Nigeria? Ah, er verstehe, Deutsch sei dann wohl meine Nationalsprache. Er tritt hart nach dem dritten Gang. In Benin sei das nicht so einfach. Hier gebe es immerhin 60 Völker, also 60 Sprachen. Auf dem schmalen Sitz des Mate-Yamaha-Mopeds interessieren mich babylonische Verwirrungen weniger. Er beschleunigt, er spreche Gun, den Dialekt einer Sprachfamilie, den aber schon wenige Kilometer nördlich keiner mehr verstehe. Er kracht in den vierten Gang. Der Tachometer zeigt unsere Geschwindigkeit nicht an. Ich suche nach einem Gleichgewicht hinter dem Rücken des Fahrers, dessen weites, mit der Taxinummer bedrucktes Hemd mir ins Gesicht schlägt. Den Rucksack hat er an die Lenkstange gehängt. Über die breite Ausfallstraße rasen wir vom Flughafen an den großen Hotelanlagen vorbei, dem Sheraton hinter den giftgrünen Golfplätzen, dem Hotel Croix du Sud mit den stilisierten Bambusdächern; dann der Regierungspalast, der, einst so heiß umkämpft, nun verschlafen daliegt, umflattert von bunten Staatsflaggen, ohne den roten Stern. Der Zustand der Straße gibt unsere schwindende Distanz bis zum Zentrum von Cotonou an. Erst kommen die Unebenheiten, dann die Löcher, dann kommt der Sand. In dem strengen Rastergefüge von Häusern und Höfen, in denen knapp eine Million Menschen leben, liegt Sand, nicht Erde, nicht Lehm. Sand. Wie ein Skelett ziehen sich die wenigen geteerten oder gepflasterten Boulevards durch den Körper der Stadt, die ein aufgetauchtes Atlantis zu sein scheint, aus dem die Fische gerade flohen. Die lange Avenue Vieux Pont überquert die Lagune, die den Nokoué-See mit dem Atlantik verbindet. Im Fahrtwind mischen sich wild salzige Meerluft, Abgase, Holzkohlenrauch und klebrige Abendnebel, die von den Wassern aufsteigen. Hohe Kokospalmen bauschen ihre Blätter wie im Sturm umgeschlagene Röcke. Die Abbrüche im Boden zwingen den Fahrer, unvermittelt abzubremsen oder auch nicht. Schaukelnd flicht er sich in die komplizierten Zöpfe des Feierabendverkehrs, Spuren sind nicht auszumachen. Ob ich Christin sei, brüllt er nun nach hinten. Die Mopeds fahren auf Schulterkontakt, eine in gelben Hemden flatternde dichte Armada im Dunst. »C'est ça«, nimmt er das geschriene Ja wohlwollend auf. Ob ich die heiligen Sakramente empfangen habe? Mein Gott, auch das, er soll sich bitte nicht dauernd umdrehen. Gegenverkehr ist hier Ansichtssache. Ob ich eine Bibel bei mir habe? Ich schließe die Augen, irgendwann müssen wir da sein.

»Ich aber«, deklamiert er nun laut und zwingt das Moped in eine Kurve, »ich fand, als ich herumging und eure Heiligtümer besichtigte, auch einen Tempel mit der Aufschrift: Einem unbekannten Gott. Was ihr da, ohne es zu kennen, verehrt, das verkündige ich euch. Apostelgeschichte 17, 23.« Die Reifen drehen im Sand durch, müssen doch greifen und werden für das Schlussstück noch einmal beschleunigt. »Voilà, Hotel El Dorado«, er bremst triumphierend und zieht aus seinem Moped eine Bibel auf Gun. »Du sollst dir kein Bildnis machen. Exodus 20,4.« Ich nicke erleichtert und lege ihm die Münze für die Überfahrt in die Hand.
Benin ist ein kleines und heftiges Land. Europäer mö-

gen es als ein sehr afrikanisches Land empfinden, eine afrikanische Essenz, in seinen Extremen wie in seiner Schwindel erregenden Leichtigkeit. Benin erstreckt sich auf einer Fläche von knapp 120 000 Quadratkilometern als ein nach Norden weiter werdender schmaler Landstreifen vom Atlantik zum Niger. In ihm scheiden sich äquatoriales und tropisches Klima. Gegenwärtig hat es etwa 5 Millionen Einwohner, sodass rein rechnerisch auf einem Quadratkilometer gut 40 Menschen leben müssten. Aber die Beninesen sind jung, jeder Zweite jünger als 20 Jahre, und sie folgen dem Sog der größeren Städte im Süden. Der Norden ist weit und leer. Benin ist ein uraltes und modernes Land. In ihm leben die Traditionen strahlender und grausamer Könige des alten Reiches Dahome, das komplizierte Erbe einer Küste, die einst der größte Sklavenumschlagplatz in Westafrika war, die Einflüsse französischer Kolonialherren, die in den früh missionierten Einheimischen eine potentielle intellektuelle Oberschicht erkannten, hier Beamte und Verwalter für ihre Kolonien rekrutierten und das Land zum intellektuellen Quartier Latin werden ließen. Seit der Unabhängigkeit 1960 hat Benin die afrikanische Erfahrung gemacht, dass eigenständige Politik zunächst einmal mit Putschen probiert werden kann, bis das Land 1972 durch die Entschiedenheit des Brigadegenerals Mathieu Kérékou eine gewisse Stabilisierung erreichte.

Das heute an westlicher Marktwirtschaft orientierte moderne Benin ist an ein Strukturanpassungsprogramm der Weltbank angeschlossen und erhält Finanzhilfen und Kredite. In UNO-Statistiken, die das Bruttosozialprodukt aller Länder dieser Erde festhalten, erscheint es weit unten auf den letzten Plätzen. Entwicklungshelfer sprechen auch von der 4. Welt.

Das arme Benin hat einen enormen Bauch, den Dan-

topka-Markt in Cotonou. Dem Fremden mag es scheinen, dass er stündlich größer wird und dichter. Dreht er sich um, stolpert er über einen neuen Korb voller Krebse, die mit blau phosphoreszierenden Schenkeln rudern, neben zwei braunen Pyramiden beweglicher Speiseschnecken. Und ein zuvor nicht da gewesenes Kind streckt ihm seine rosa Handfläche entgegen, in der fünf Knoblauchzehen liegen, matt wie Perlen. Wo eben noch ein Mädchen in die Hocke ging und ihr Tuch hob, um zu urinieren, hat nun ein Eisverkäufer den von Hand geschobenen, gummibereiften Fahrradanhänger abgestellt, auf dem er lange, milchfarbene Blöcke gefrorenen Wassers feilbietet. Dampfende Kälte in den Tropen, eine ungeheure Fracht. Jemand verkauft leere Plastikflaschen. Ein anderer einen Kranz verbogener Schlüssel. Bunte Wollfäden werden präsentiert auf einer Matte neben geduldig aufgeschichteten Stücken von gebrauchtem Pappkarton. Der Übergang vom Material zum Müll ist heikel und fast jederzeit rückgängig zu machen. Wer nicht versteht, warum auf einer geflochtenen Strohscheibe sauber ausgespülte alte Tomatenmarkbüchsen ausgelegt werden, möge die Dämmerung abwarten. Dann wird er sie wieder erkennen, transformiert in gut funktionierende Petroleumlampen, die in fragilen Türmen von Brühwürfeln, Palmölseifen und gezuckerter friesischer Dosenmilch, chinesischen Streichhölzern, Rasierklingen aus der Hohen Tatra, Insektensprays und Parfümen einen irritierenden Glanz entzünden.
Ein Mädchen lächelt und schmiegt sich vorbei an den offenen Säcken voller Linsen, Bohnen, Melonenkerne und weiter durch den Strom von Händlern und Käufern. Sie balanciert frei ein Tablett auf dem Kopf, das überquillt von Rosenkränzen. Die bunten Perlen und leichten Kreuze baumeln hinunter auf ihre nackten

Schultern und über ihr Gesicht. Wenn sie den Kopf bewegt, klingelt es: Blech gegen Glas gegen Blech gegen Glas. Und sie stößt nicht an die spuckende Händlerin, die einen Korb getrockneter Malvenblüten vor die Ingwerstücke hebt, um dies Angebot sogleich zu steigern durch eine Schale schwarzer Nelken. Handeln heißt arrangieren, umgruppieren, in Bewegung halten, als sei der Markt ein imaginäres Roulett, bei dem das Einsetzen auf immer neuen Feldern die Gewinnchancen erhöht. Was sind das für Büchsen mit weiß Gott welchen Giften, Gewürzen und Samen, was sind das für Muscheln, für Mineralien, für Scherben oder Steine, und diese seltsam gebogenen Metalle, diese wie Schlangen geformten Pfeile, diese Ketten? Wozu der Schwefel in Stangen und daneben die Brocken von Kaolin? Was ist Schminke, was Schmuck, was Medikament, was Werkzeug und was ritueller Gegenstand für einen geheimen Kult?

Zwei Knaben heben unter ihren amerikanischen Baseballmützen die Köpfe von einem Gameboy hoch und deuten gelangweilt auf ihr liturgisches Angebot: Hundeköpfe über dem Feuer geräuchert, abgeschnittene Papageienschnäbel, Rattenschwänze und Maulwürfe, im Fell präparierte Affenköpfe, daneben die hellen Tiertotenschädel, sehr bunte Federn tropischer Vögel, Vipernköpfe, Vipernzähne, Fledermäuse oder nur deren Flughäute, der Flügel eines Adlers, auseinander gezogen wie ein Fächer, und die schwarzen gekrampften Hände einiger Gorillas. Die Knaben lächeln und lüften den Deckel von einem Korb, aus dem sofort zwei lebende Chamäleons züngeln. Aus ganz Afrika beziehen sie ihr Sortiment. Ob sie mir nun die Fetische zeigen sollen? Der Ältere bückt sich schon nach einer verborgenen Kiste. Aber ich habe genug. Klar, ruft er mir nach, der Fremde, das sage schon ein altes afrikanisches Sprichwort, sehe sowieso nur, was er schon weiß. Und gelassen beugen sich zwei Knaben wieder über den Gameboy, darauf konzentriert, keines ihrer Leben zu verlieren.

Handeln heißt Arbeit erfinden. Was habe ich, das ein anderer braucht? Die Völker Benins sind heute fast alle sesshaft und doch ständig unterwegs. Von den Plantagen des Nordens bringen die einen Hirse und Holzkohle, Yamswurzeln, roten Käse, Ananas und Orangen, aus Cotonous Hafen im Süden organisieren die andern Schrottautos, Ersatzteile, Altkleiderballen der barmherzigen Sammlungen Europas. Im Osten zieht die Lagune dem Markt eine Grenze. Hier grasen sportliche Schweine und suchen nach weggeworfenen Zuckerrohrschalen und gleichwertigen Raritäten, die die seltene Eigenschaft auszeichnet, dass Schweine sie noch essen können, Menschen aber nicht mehr verkau- fen. Schweineschnauzen graben zwischen den handgeschnitzten Einbäumen, die, beladen mit beninesischer Fracht, die Wasserstraße nach Nigeria bewältigen und mit anderen Gütern zurückkommen. Das gewaltige Ausmaß des Schmuggels zwischen Benin und seinem Nachbarland kann nur sehr vorsichtig geschätzt werden; staatliche Versuche, den illegalen Handel auf Land- und Seewegen zu unterbinden, mussten wegen Versorgungsengpässen aufgegeben werden. So existieren zwar staatliche Tankstellen, die oftmals Treibstoff anzubieten haben, die Straßen aber säumen Tag und Nacht improvisierte Holzstände, wo in Literflaschen und bauchigen Glasgefäßen geschmuggeltes Benzin aus Nigeria direkt verkauft wird. Mittels einer abgeschnittenen Plastikflasche, deren Hals, verlängert mit einem Gummischlauch, als Trichter dient, füllen Frauen und Kinder das honigfarbene Gut direkt in die Tanks der haltenden Gefährte ab. Das

ist nicht perfekt, aber praktikabel, ein Minimalprogramm an Service, an Überleben auch.
Heute ist es leicht, Benin zu bereisen. Wer etwas über das revolutionäre Benin wissen möchte, lese das Tagebuch von Gertraud Heise, »Reise in die schwarze Haut«, das in den 80er-Jahren nicht nur in feministischen Kreisen zu einem Kultbuch geworden ist. Bruce Chatwin hat seine Recherche über den berüchtigten Sklavenhändler Dom Francisco Felix de Souza, der von König Ghezo mit dem Titel »Vizekönig« geehrt wurde, fast mit dem Leben bezahlt. Er geriet in einen Putsch ausländischer Söldner in Cotonou. Sein Roman »Der Vizekönig von Ouidah« wurde später unter dem Titel »Cobra verde« von Werner Herzog verfilmt, jenem Regisseur, der gesagt haben soll, Gehen sei eine Tugend, Tourismus eine Todsünde.
Der legendäre Sklavenumschlagplatz Ouidah des alten Dahome'schen Königreichs ist heute ein verschlafener Ort, den Reisende gerne aufsuchen. Im alten Python-Fetischtempel lassen sie sich eine Schlange über die Schultern legen und entzünden in der Kathedrale gegenüber die fromme Kerze. Im einstigen Portugiesischen Fort ist ein Museum eingerichtet. Historische Stiche zeigen die Dahome'schen Amazonen bei der Elefantenjagd oder als geschmücktes Heer einrückender Kriegerinnen. Einige von ihnen haben sich eine zu große rechte Brust abgeschnitten, um besser mit den schweren Steinschlossgewehren hantieren zu können. Wer weiß, ob diese Bilder nicht lügen.
Ein Museumsführer verbeugt sich lächelnd und beginnt die Führung mit den leisen Worten: »Willkommen in jenem Museum, das von der Zeit spricht, da die Europäer kamen, um unsere Großväter zu kaufen.« In den Vitrinen liegen holländische Pfeifen, portugiesische Münzen, eiserne Sklavenketten. Auf einem ver-

blassten Aquarell sieht man kleine, in hohen Wellen schaukelnde Einbäume, die Sklaven zu den wartenden hochmastigen Segelschiffen draußen auf dem offenen Meer bringen. Eine unbeholfene Hand hat zwischen die Silhouetten der Sitzenden andere gemalt, die, mit angewinkelten Beinen, wie schwarze Frösche springen. Sie zogen den Tod in der heimatlichen Brandung einer unsicheren Zukunft in der Neuen Welt vor.
Draußen vor dem Museum schlafen fliegende Hunde im Iroko-Baum bei den Kugelnestern, die Webervögel in die Zweige gehängt haben. Es ist ein friedlicher später Sonntagnachmittag. Ein paar Touristen aus Togo lassen sich vor dem bemalten Hof eines Fetischpriesters photographieren. Junge Leute in Jeans und bunten Kattuns tänzeln schlaksig, ihr Essen in chinesischem Emaillegeschirr auf den Köpfen tragend, die alte Sklavenstraße hinunter, vorbei an den Mangrovenwäldchen, die die Lagune säumen bis zum Meer. Vor den Brandungswellen des Atlantiks, wo die Palmenhaine ihre Sternenschatten auf den weißen Sand werfen, wird gepicknickt. Manchmal geht die Musik aus den Transistorgeräten im Krach der aufschlagenden Wellen unter. Etwas weiter Richtung Grand Popo haben Entwicklungshelfer ihre Landrover mit den grünen Nummernschildern vor einem französischen Langusten-Restaurant geparkt und spielen Boule in Shorts und Birkenstocksandalen. In der Tiefe des Kokoshains weiden weiße Zicklein um die Beine einer schwarzen Hirtin. Draußen hinter der kalten Gischt liegt grünblau das Meer. Keine Segelschiffe sind zu sehen und keine schwarzen Pirogen.
Die profanen Risiken einer Benin-Reise liegen heute hauptsächlich in der unvermeidlichen Begegnung mit der Tsetsefliege. Was die religiösen Wagnisse anlangt, so lässt sich das im Voraus schlecht sagen. Auf benine-

sischen Postkarten werben Fetischpriesterinnen für das Land, das die Wiege des Voodoo sei. Auf den dazu erhältlichen Briefmarken beten barocke Hirten mit Schäfchen und Engeln zum Jesuskind. Im 19. Jahrhundert kehrten freigelassene Sklaven aus Brasilien in ihre Heimat zurück. Sie hatten in der Diaspora ihren afrikanischen Glauben als eine Art Widerstandsreligion beibehalten, aber angereichert mit katholischen Elementen. In den ehemaligen Sklavenstädten des Südens bauten sie nun »brasilianische« Häuser und praktizierten die explosive Mischung eines neuen synkretistischen Glaubens. Der lebt nun in Benin weniger als eine exotische Exaltierheit (wie es dem verfremdenden Blick des Europäers gerne scheinen mag) denn als ein alltägliches Bindemittel, das die ethnischen, die sozialen und vor allem die religiösen Unterschiede zu mildern vermag. Wenn islamisch verschleierte Frauen neben barbusigen laufen und Ananas kaufen bei einer Händlerin, die die weiße Tracht einer himmlischen Sekte trägt, dann funktioniert das, weil sie alle zu Hause im Hof ihren Fetisch mit Hühnerblut und Gin füttern, damit er sie bewahre, denn schließlich ruht in ihm das bewährte Wissen, das vermittelt zwischen den mächtigen Göttern und jener Welt der Ahnen, die in vielfältigen Poren durchlässig ist zum fragilen irdischen Hier und Jetzt. Denn in Benin kommen die Toten zurück. Mit jedem Kind, das geboren wird, ersteht ein Ahne wieder auf. Es ist nicht zuletzt diese Gewissheit, die Projekte zur Empfängnisverhütung so kläglich scheitern lässt und einer afrikanischen Beerdigung die Heiterkeit gibt und ihre ruinöse Pracht. Hier stirbt man über seine Verhältnisse.

Wo aber die Aufmerksamkeit des Lebens sich in hohem Maß mit dem Überleben beschäftigt, wird jede Straße zum Markt, und in jedem Hof, der sich zu einem

nächsten Hof und weiteren Höfen öffnet, beginnt ein Wohnbereich, der vom Fremden zu wahren ist, es sei denn, er käme als Freund oder Kunde.
Das Atelier von Mme. Clotilde Pentécôte Koumébley ist bedeckt mit aschefarbenem Sand. In der Flucht der Mauern bewegen sich nackte Kinder, die, als sie die Fremde sehen, nach einem Tuch greifen. Die Silhouette eines Mannes am Ziehbrunnen verschwindet. An eine rote Lehmmauer gelehnt arbeitet ein Mädchen. Mit Nadel und Faden näht sie geometrische Figuren nach, die auf blau schimmerndem Satin eingezeichnet sind; der Stoff fällt ihr steif vom Schoß wie ein Schneegebirge.
Madame Koumébley selbst befindet sich in statuarischer Hocke auf dem Boden und isst Maispudding mit Fisch und Soße von einem flachen Teller. Ein knochiger Hund mit weißen Pfoten liegt unter der Bank, auf der Monsieur Koumébley döst. Mein Besuch bei der Stoffbatikerin war angekündigt, was die Artistin nicht davon abhält, weiter langsam mit den Fingerspitzen Bällchen zu drehen und sie in der scharfen Soße zu rollen. Sie leckt an den Fischgräten. Außerdem habe sie die Regel und würde heute nicht arbeiten. Sie bietet mir einen Stuhl an, den ein Kind durch den Sand herbeischleift. Ich setze mich und schaue gegen die flatternde Babywäsche und den Treppenstufen nach, die über einem Zimmer in ein Obergeschoss führen, das es noch nicht gibt. Eine Nachbarin steckt freundlich ihren Kopf herein, auf dem sie eine Korbschale mit zwei Dutzend lebenden Hühnern trägt. Sie schaut neugierig unter ihrem vieläugigen Hut. Madame Koumébley wirft einen kurzen Blick auf den abgegessenen Fisch, dann zu ihrem Kleinkind, das sofort begreift, den Teller nimmt und mit seinem Mittagessen davontorkelt. »Also, was willst du sehen?«, fährt sie mich an

und wuchtet einen Kessel vom Holzkohlenfeuer. Sie mischt rotes Farbpulver und Soda, gießt mit heißem Wasser auf, lässt vom Brunnen kaltes dazuschütten, wirft Tücher hinein, in Falten abgebunden oder glatt, streift Gummihandschuhe ihre starken Arme hinauf und taucht in die scharf stinkende, schäumende Brühe und knetet und wringt. Das Indigopulver wird in kaltem Wasser angerührt. »Du kaufst«, sagt sie drohend und tunkt den weißen Stoff in die Farbe. »Ganz und gar unmöglich«, sagt sie zu meinem Preisvorschlag und knetet und strahlt, eine Welle der Erleichterung geht durch den Hof. Mama wird der Weißen ein Tuch verkaufen! Holt die Nachbarin! Spült die Farbe aus! Und schon hängt Indigo neben Orange im roten Lehmhof unter dem wasserblauen Himmel von Cotonou. Und Madame Koumébley, die den Preis spielend verdoppelt hat, zieht ein an den Füßen zusammengebundenes melancholisches Paar Hühner aus dem Hut, prüft sein Gewicht und wirft es Richtung Küche. Ihr Ehemann hat den Kopf leicht gehoben und wieder abgelegt. »Tu as vu maintenant?«, ruft sie mir zu, »tu as vu?«

Die Zukunft Benins! Das sei wohl die blödeste Frage, die er in den acht Jahren, seit er hier wohne, gehört habe. Benin habe eine Gegenwart, und zwar eine im Moment recht stabile. Wir sitzen an einer Straße in Jonquet, dem Rotlichtviertel von Cotonou, und trinken Beninoise, das eiskalt rauchende Bier, das unter französischer Aufsicht von einem Deutschen gebraut wird. Was der Schweizer Urs in Benin genau tut, habe ich nicht ganz verstanden. Es hat etwas mit Sehnsucht zu tun, die eine europäische Idee von Freiheit hier mit afrikanischen Qualitäten verbindet: mit der Weite der Savannen, der Schönheit tropischer Tiere und der Gemeinschaft von Menschen, die unmittelbarer zu leben scheinen als die in Olten, Solothurn. Wenn man, sagt Urs, die Kontinente wieder zusammenschöbe, dann käme Benin an den Amazonas zu liegen. Die Vegetation sei ganz ähnlich. Und auch in Benin gäbe es Gold. Ab und an versucht Urs, in Benin Geld zu verdienen oder auch nur Gesellschaft zu haben. In seinem einst legendären Swiss Nightclub tanzten die Söhne einstiger Diktatoren und Revolutionäre. Das war im schon demokratischen Benin, vor der Geldentwertung. Jetzt reist Urs manchmal mit europasatten Geschäftsleuten oder führt Rotarier durch die Naturparks; lieber aber geht er mit den Einheimischen auf die Jagd und trinkt einen Whisky beim verarmten König von Abomey, der im Kreis seiner Frauen den Katholizismus und die Demokratie hochhält und in seinem Reich die geschätzte Funktion eines schlichtenden und beratenden Sozialarbeiters ausübt.

Es ist schwül; wir sind bei einer nächsten Runde Beninoise. »Du musst mich besuchen«, sagt ein langhaariger Deutscher im bodenlangen Kaftan. Er wohne im Osten Cotonous, etwas außerhalb. Da könne man bei Dämmerung die Einheimischen nackt am Strand tanzen sehen. Raunend gibt er zu verstehen, dass er eingeweiht sei in manche Zauberpraktiken. Der blond gelockte Entwicklungshelfer am Tisch lenkt schnell ab. Also, nach der Zukunft Benins zu fragen, das sei doch luxuriös. Seine transparente Gefährtin lächelt milde und saugt an einem mit Eiscreme gefüllten Papiertütchen, das tropft. Sie hat gerade einen Malariaanfall hinter sich und reist morgen ab. »Die Kinder«, sagt der Entwicklungshelfer, »sterben hier wie die Fliegen.« Aber die gleichen Probleme seien eben nicht überall dieselben. Benin sei heute eine Spielwiese für die verschiedensten Entwicklungshilfeprojekte geworden:

Aufforstung der Teakholzwälder, biologische Schädlingsbekämpfungsmittel, Schulprojekte, Medizinprojekte. Er selber arbeite beim Brunnenbau im Norden. Nicht einmal die Hälfte der Bevölkerung Benins habe Zugang zu sauberem Wasser. Er schüttelt den Kopf, als wolle er sich widersprechen. Da würden sie Kommitees gründen, die die Wartung der Brunnen übernähmen, die dafür sorgten, dass die Wasserschutzzonen um die Brunnen beachtet würden, dass da eben keine Tiere weideten und keine Baumwolle gespritzt werde. Aber ein Brunnen mehr – wenn er sich denn hält –, das heiße dann auch mehr Tiere, mehr Menschen, intensivere Landwirtschaft, das heiße mehr Probleme, die ein Brunnen allein eben nicht lösen kann. Er trinkt weiter und spricht schon lange nicht mehr zu uns. Er spricht zu einer rostfarbenen Tischplatte, über die eine unermüdliche Spur schwarzer Ameisen zieht.

Das Mädchen Comfort sagt nichts. Sie trägt die lustige Modefrisur aus hoch gesteckten künstlichen Zöpfen, die nicht zu ihren schwimmenden Augen passt. Sie ist Nigerianerin und seit gestern aus Lagos zurück, wo sie das Schulgeld für ihren kleinen Bruder bezahlt hat. Jetzt arbeitet sie wieder für einige Monate in Cotonou. Die Eltern denken, sie mache eine Ausbildung, aber sie teilen sich hier zu viert ein Bett in einem Raum ohne fließendes Wasser. Wenn ein Kunde da ist, warten die Kolleginnen draußen. Sie wirtschaften selbständig. Jede von ihnen bezahlt 2000 westafrikanische Francs für das Zimmer, in dem sie leben und arbeiten. Pro Tag. Ihre Vergütung liegt bei einem eingestandenen Minimum von 500 Francs (der Preis einer Mahlzeit in einem schlichten Restaurant), was nicht die reale unterste Grenze sein muss. Weiße Männer bezahlen auch mehr und nehmen sie mit an einen fremden Ort, wo es eine

Dusche gibt und ein sauberes Laken. Das Mädchen Comfort möchte heiraten und sich dafür wie die Freundinnen aus ihrem Dorf beschneiden lassen. Denn eine Klitoris sei ein Penis, also verzichtbar für eine richtige Frau. Während der Entwicklungshelfer nun die Baumwolllaster aus dem Norden beschreibt, die, wenn sie kippen, die roten Straßen unter ihrem schneeigen Weiß begraben, ist sie still und schaut gegen Osten, wo Nigeria liegt. Und die Not umgibt sie wie eine Kathedrale. Auf die elementaren Fragen des Überlebens haben die Sombas gültige Antworten gefunden. Ihre Ahnen kamen aus Togo, wo der Boden schlechter war, und ließen sich im Norden Benins in den fruchtbaren Ebenen am Fuße des Atakora-Gebirges nieder. Dort bauten sie Wehrburgen, die Tatas, galten als wild und kriegerisch und widerstanden der Versklavung, dem Einfluss der Kolonialherren und den Tendenzen sozialistischer Verstaatlichung. Im Augenblick macht ihnen der Tourismus etwas zu schaffen. Ursprünglich lösten sie das Problem mit vergifteten Pfeilspitzen; auch Reiseführer jüngeren Datums empfehlen äußerste Zurückhaltung bei Fahrten durchs Sombaland. Doch ein einheimischer Führer, der mit dem Luxushotel »Tata Somba« in Natitingou zusammenarbeitet, hat den Besuch bei einer Sombafamilie auf dem Programm.
Der Herr des Hauses trägt einen Trenchcoat, der bessere Tage gesehen hat, und hält eine silbergraue Machete in der Hand. Voilà, sagt der Führer, dies sei ein Bauer, Jäger und Animist. Der taxiert die Weiße lächelnd. Die Narbenzeichnung seines Gesichts kehrt wieder als Sgraffito auf der glatten, erdroten Wand des Hauses; Haus und Herr bilden eine Einheit, die ein hingegossener Lehmfetisch bewacht. Der Herr spricht Otanmari, das der Führer ins Französische bringt. Wir ducken uns durch den Eingang der Festung, wo eine

Frau ein kokelndes Feuer bewacht. Der Rauch sei gut gegen die Fliegen, zudem konserviere er das Bambusdach. Im dampfenden Dunkel sind Ziegenköpfe auszumachen und der Nacken eines Schweins; Perlhühner scharren. Die Frau nickt aufmunternd, und schon geleiten uns einige Kinder in die angrenzende Küche, wo neben den Reibesteinen eine Baumstammtreppe auf die offene Terrasse führt. Vor uns liegt das grüne Land. Das ist der weite Blick, der die Tata schützt. Hier oben, zwischen runden Getreidespeichern und Schlafnischen, liegt auch die heilige Feuerstelle und der Fetischtempel für die nächtlichen Zeremonien unter dem Kreuz des Südens. Hier oben wird der Vater den Bogen spannen, und der Sohn wird die neue Burg für sich und seine Frau dort bauen, wo die Pfeilspitze in den Boden trifft.

Die Sombas akzeptieren keinen König und keinen Sarg. Sie leben autark, und wenn sie sterben, werden ihre Körper in unterirdische Familienkammern gelegt, die nicht von Erde beschwert sind, sondern nur leicht geschlossen mit Töpfen aus Ton. Ihre Initiationsriten zelebrieren den Schmerz, ihre Heirats- und Scheidungspolitik kommt mit dem Tauschwert von Kühen aus. Nur eins oder zwei ihrer Kinder schicken sie in eine Savannen-Schule, keines mehr, denn auch die Jagd und die Feldarbeit wollen gelernt sein, und eine Yamswurzel hat im Unterschied zum Wort »Yamswurzel« den Vorteil, dass man sie essen kann. Ich frage nach den Namen der Kinder und der Vater nennt den seinen: »N'dah«, dann zählt er auf: »M'po, 14 Jahre; Tepe, 10 Jahre; Nate, 8 Jahre; Kowto, 5 Jahre.« Und der Kleine da auf dem Knie der Mutter? Er schaut hinüber zur Frau und ein Wortwechsel flammt auf. »Nimonte«, sagt sie dann entschieden. Will heißen: Wenn er durchkommt, soll er Nimonte heißen. Wir danken, wir verlassen die Burg, eine Lehmhütte mit Wellblechdach ist angebaut. Durch die offene Tür sehen wir ein solides chinesisches Fahrrad der Marke Phönix, darüber ein großes Bild, das die segnende Maria in Lourdes darstellt, daneben ein zweites, auf dem eine weiße Frau ihren nackten Hintern zeigt.

An der Straße winken zwei Händlerinnen. Die Enden ihrer gebundenen Kopftücher stehen ab wie Propeller. Im Auto kauen sie Kolanüsse und zwitschern. Der einheimische Führer zeigt stolz ein Air-France-Magazin mit einer Bildreportage über die Sombas; er persönlich habe diese Jounalisten geführt. Er organisiere auch Tänze und Zeremonien. Sie kichern. Auf Glanzpapier sehen sie, was die Fremden an ihrem Leben schätzen: die hohen Brüste der Mädchen, die Hochzeitsmasken aus Antilopenhörnern, Krieger in Federn, Tänzer in Trance. Ein bisschen sind sie stolz. Mit der flachen Hand fahren sie in langsamem Lesetempo über den französischen Text. Dann lesen sie eine Parfümreklame von Guerlain.

In Frankreich, im Pariser »Musée de l'Homme« steht der beninesische Gott Gou, der Gott des Eisens, des Feuers, des Krieges. Königliche Schmiede der Palastwerkstätten von Abomey haben die menschenhohe Skulptur gegen Ende des 19. Jahrhunderts aus Schienen der französischen Eisenbahn hergestellt. Benin selbst besitzt eine Kopie. Im schönsten Museum des Landes, dem »Ethnographischen Museum« von Porto Novo, hängt eine Photographie. Gou ist ein mächtiger Gott, kaum ein Beninese wird eine angefahrene Ziege schlachten, um sie zu essen. Denn es war Gou, der sich dies Opfer erwählte. Stirbt ein Mensch bei einem Verkehrsunfall, zelebrieren Fetischpriester dort ihre Rituale: damit Gou besänftigt werde. In der Moderne hat sich der Kriegsgott auf die Straße verlegt.

Der Gott Gou des 38-jährigen Théodor Dakpogan, geboren in Ouidah, aufgewachsen in Porto Novo, steht dort im Hof seines afrobrasilianischen Hauses, das die schöne Dekadenz der altrosa Fassade gegen die Smogwolken einer benachbarten knallenden Maismühle verteidigen muss. Théodor kommt aus einer alten Familie von Schmieden. Seine Großväter stellten am königlichen Palast von Abomey Werkzeuge und Waffen her und rituelle Standarten, mit denen die Geister der Vorfahren gerufen werden konnten. Ihr Enkel führt ihren Weg fort. Auch seine Kunst ist profan und spirituell zugleich. Er arbeitet mit Schrott. Sein Reich sind die Halden von Altmetall. Théodor, Schmied und Priester im Dienst von Gou, erfindet die Bewohner Benins neu: der junge Elefant schleift staksig seinen langen Rüssel aus Rohr, die Antilope trägt anmutig ihr Lenkstangengehörn, die schöne Nomadin schmückt ihren Kopf, den eleganten Tank eines weißen Motorrads, mit Ohrringen aus Draht, der kleine Wächter steht auf seinem Hosenrohr und gibt unter dem Reflektor-Hut Acht, auch der Fetischpriester aus dem Pythontempel von Ouidah ist hier, und eine schwere Motorradkette umschlängelt seinen Hals. Rost und abblätternde Farben geben den Glanz von Fell und Haut. Was ein gebogener Bremshebel war, wird achtsame Geste eines Arms; was Felge war, wird Leib, was Zahnrad war, kann Gefieder werden und eine Durchrostung Auge. Es schaut zurück wie zum ersten Mal. Europäer kaufen diese Metamorphosen aus der 4. Welt, die mit dem Zivilisationsschrott des 20. Jahrhunderts die afrikanischen Mythen weitererzählen. So reist der Abfall als Kunst zurück. Und in den Pariser Galerien wird die Idee der Wiedergeburt dann verkraftet: als Recycling.

Das Herz Benins ist leicht zu finden; es pulsiert offen

an den Straßen, diesen staubigen Passagen in die Zukunft. Die sandigen Boulevards mit den breiten sandigen Rändern, oft von Bäumen beschattet, sind elementarer Lebensraum. Hier darf jeder bleiben, darf etwas anbieten. Jeder kann hier essen bei den kleinen billigen Garküchen, die sie säumen. Wer wartet, schlendert, mit anderen spricht, wer aufmerksam bleibt, kann einen Job finden. Oder Gesellschaft. Die Straße ersetzt das Arbeitsamt und die Börse, den Termin beim Therapeuten und manchmal eine Bibliothek.
In ihrem Zeitungskiosk bietet sie an: Montaigne, »Essays, Livre I«; Lamblin & Ruvio, »Suprême pouvoir. Comment vous pouvez évoquer les Esprits«; einen Ewigen Kalender der Jahre 1800 bis 2050; Flaubert, »Madame Bovary«; Tocqueville, »De la Démocratie en Amérique«; Platon, »Le Banquet«; Baudelaire, »Fleurs du Mal«; den zweiten Band einer Geschichte Afrikas: »Le Temps des Conquérants«, ein »Dictionnaire des Abréviations, Sigles, Acronymes, Symboles en Médicine et Pharmacie«. An aktuellen Zeitungen: »Concorde«, »Tam-Tam Express«, »L'Avenir«, »Le Détective du Golfe«. An Magazinen: »Africa« vom März 94; »Jeune Afrique« vom Juli 92; »Horoscope« vom Oktober 94 und eine »Identité« ohne Datum.
An der Seite des Eisenklappstandes, dessen Front sich herunterschieben lässt wie an den Ständen der Pariser Bouquinisten, liegen blaue bic-Kugelschreiber zum Verkauf aus, Postkarten mit Rosenmotiven und Unisex-Babywindeln der Marke Gioia. Ich bitte um einen Fizzi-Pampelmusensaft aus ihrem Sprudelangebot, das sie neben den Zeitschriften an der Straße verkauft, bezahle 150 afrikanische Francs und setze mich auf eine Holzbank, von der sich nicht sagen lässt, ob sie für die Verkäuferin gedacht ist oder auch für mögliche Gäste. Sie setzt sich neben mich. Ich habe noch Erdnüs-

se. Sie nickt. Wir kauen. Es ist ein heißer Nachmittag, und die Straße gleitet langsam in eine Siesta. Jugendliche dösen im Schatten parkender Autos weg. Nebenan wird die Straßenküche abgebaut, Reis und Soße sind leer gegessen, und die Köchin spült das Geschirr mit Wasser, das sie aus einem Plastikeimer schöpft, und stellt es nass und sauber ineinander. An der Ecke unter einem Papaya-Baum wartet eine Gruppe von Mopedtaxis. Dort bietet ein Junge Raubkopien von Reggae-Kassetten an und lässt Proben hören. Gegenüber, neben dem Finanzministerium, im Garten der Unesco-Villa, stehen hohe Kokospalmen in der Sonne, wie überbelichtet. »Gefällt dir Benin?«, fragt sie. Ja, sage ich. Ein weiteres Mopedtaxi kommt in den Schatten des Papaya-Baumes und bleibt dort mit laufendem Motor stehen, wo seine Ausscheidungen andächtig inhaliert werden, als seien sie heilig wie einst der Kot der Könige.

»Weißt du, wir machen das, weil wir keine Arbeit haben. Ich habe mittlere Reife. Das Geschäft mit den Zeitungen geht nicht, also verkaufe ich Sprudel. Aber die Leute haben kein Geld. An manchen Tagen verkaufe ich 10 Flaschen. Siehst du die Taxifahrer dort, alles Arbeitslose. Sie mieten ein Moped und versuchen, mehr Geld einzunehmen, als die Miete kostet. Mein Mann verdient keinen Franc, ich muss das Schulgeld für die Kinder bezahlen, und wir wollen essen.« Ein kleines Mädchen, das erst vor kurzem Laufen gelernt haben muss, tanzt in einem knöchellangen Ringelhemd zum Rhythmus des Reggae über den Sand.

»Was fragst du mich jetzt Verrücktes? Was ich arbeiten wollte, wenn ich die Wahl hätte? Hör mal, irgendeine Arbeit will ich. Nur das.« Ein letzter Händler flaniert als lebender Verkaufsstand, einen Stapel Frotteehandtücher auf dem Scheitel, eine Sporttasche mit Kleidern umgehängt und am Arm bunte Hemden an Bügeln. Die Köchin hievt sich ihre Küche auf den Kopf, also geht er weiter zur Fettbäckerin, die noch immer Kartoffeln schält und sie neben die Krapfen legt, ins leise siedende Palmöl.

III.

Ana Blandiana
Engel können nicht verbrennen

Tübingen, zum Beispiel. Sie kommt direkt aus Bukarest, Flughafen Stuttgart-Echterdingen, dann über die Schnellstraße in die Universitätsstadt der Provinz. Gleich wird sie im Neuphilologikum sprechen, wo rumänische Studenten in selbst finanzierter Kleinarbeit eine Wanderausstellung aufgebaut haben. Morgen eine Lesung im Großen Senat, Teilnahme an einem Lyrikseminar, weiter.
Sie sieht sich um im fremden Foyer: die Stellwände zwischen den grün überzogenen Sitz- und Liegequadern, wo junge Leute ihr Abendbrot essen, in Skripten blättern, sich unterhalten. Sie kennt die Gesichter auf den gelblichen Schwarzweiß-Photographien, Ikonen der politischen Verfolgung, die Zeitungsausschnitte, die Baupläne des größten rumänischen Gefängnisses stalinistischer Prägung. Das Lager in Sighet wurde unter ihrem Vorsitz in einen Ort der Aufklärung verwandelt, seit Sommer 1997 ist es Gedenkort, Tagungsstätte und historisches Forschungszentrum. Ältere, sorgfältig gekleidete Menschen sind von den Wänden zurückgetreten, sie haben, sich rumänisch zuflüsternd, versucht, die winzigen Legenden zu entziffern.
Ana Blandiana lächelt, pausbäckig. Ihr halblanger brauner Rock steht ab wie eine Glocke, über die kurze Weste hat sie ein Tuch geschlungen und in den Rockbund gesteckt. Hinter ihrem Rücken könnte sie einen geflochtenen Weidenkorb halten und nun Gänseeier

reichen. Sie könnte auch die Hände falten und beten. Heute, erklärt die siebenbürgische Übersetzerin, werde Ana Blandiana nicht als Lyrikerin sprechen, sondern als Vorsitzende des Projekts »Memorial Sighet«. Seit Ceauçescus Sturz vor zehn Jahren macht Ana Blandiana Politik, ohne Politikerin zu sein.
Rumäniens populärste Dichterin, deren Lyrik in 14 Sprachen übersetzt wurde, Vorsitzende des rumänischen PEN-Clubs, Ana Blandiana, ein Mythos, ein Schibboleth für Integrität, für Hoffnung also, schreibt seit der Befreiung des Landes ihre Verse in Flugzeugen oder während langwieriger Symposien, in den Wartezeiten zwischen Repräsentationsterminen. Sie ist Vorsitzende der staatsprägenden außerparlamentarischen Bürgerallianz und arbeitet an der Aufklärung ihres Volkes. Schließlich habe sie doch, wird sie später bei einer Diskussion nebenbei erwähnen, auf die existentielle Frage ihrer Leser, wie sie denn nun weiterleben sollten in einem wirtschaftlich und moralisch ruinierten Rumänien, in einem politischen Vakuum – schließlich habe sie da doch schlecht antworten können: das wisse sie auch nicht, sie müsse Gedichte schreiben.

Die Falle
So werd ich's anstellen:
Statt eines Steins, ein Spiegel.
Und statt eines Namens,
ebenfalls ein Spiegel.
Es wird eine Falle sein,
in die ihr endlich
tappt.
Was kümmert's mich, dass niemand wissen wird,
wo mein Grab liegt,
wenn ihr euch darüber beugt,
neugierig zu erfahren,
wem es gehören könnte,
und ihr euch selbst
erkennt.

Im Donauschwäbischen Institut der Universität Tübingen werden Blandianas rumänische und deutsche Bücher gehütet: Aufbau Verlag, Steidl, Fischer, Ammann, rare Exemplare, fast alle vergriffen, seltene zerlesene Zeitschriften. Es ist gegen 11 Uhr morgens. Ana Blandiana ist müde, aber munter; ihre Nacht wird kurz gewesen sein. Orangensaft und Milchkaffee: gut, auch noch dieses Interview.
Sich in Verse zu verlieben ist eines, mit der fremden Autorin zu sprechen ein anderes. Der dünne Übersetzer nickt schüchtern aus schwarzen Augen. Poesie oder Politik? In ihrer Biographie ist das kaum zu trennen. Als das Mädchen Otilia Valeria Coman am 25. März 1942 in Temesvar als erstes Kind eines orthodoxen Priesters und Juristen und einer lebenstapferen Buchhalterin geboren wurde, kämpfte Rumänien noch an der Seite der deutschen Faschisten gegen Russland. Zwei Jahre später ist das Land kommunistisch. Die ersten Erinnerungen des Kindes gehören einem gepackten Koffer hinter der Tür. Wenn der Vater abgeholt wurde, sollte er das Notwendigste bei sich haben. Man lebte in einer lang gezogenen Wohnung, deren hintere Zimmer verschlossen waren. Das Haus, das einst dem Bischof gehört hatte, diente dem neuen Regime als Lager für verbotene Bücher. Von den heimlichen Zimmern, die hintereinander lagen wie Zugabteile, ging für das Mädchen eine mysteriöse Anziehung aus. Als es 10 oder 11 Jahre alt war, begann es, mit einer Freundin alte Schlüssel auszuprobieren. Bis einer passte. Dann saßen die Kinder zwischen den hingeschütteten Bücherbergen und entdeckten eine Welt, die der in der Schule vermittelten absolut widersprach.
Damals schrieb Otilia bereits Verse in Schülerzeitungen unter ihrem Pseudonym. »Blandiana« hatte sie gewählt nach einem gleichnamigen rumänischen Dorf

mit einer römischen Ruine und »Ana«, weil es wie ein Echo war. Ihr Debüt als Lyrikerin liegt weiter zurück. Als sie in der Schule zwei Heftseiten über die Ferien schreiben sollte, erinnerte sie sich an ein Kinderbuch, in dem wenige Verse auf der einen Seite mit einem Bild auf der gegenüberliegenden korrespondierten. Sie wählte statt der Aufsatzprosa die Form der Kurzzeilen, wurde als Erste fertig und hatte eine entscheidende Lektion in sprachlicher Ökonomie bestanden.

1958 druckte eine Zeitschrift erstmals eines ihrer Gedichte, und die Tochter des inhaftierten redemächtigen und beliebten Priesters geriet sofort in die politische Diskussion. Umgehend erhielt sie Publikationsverbot. So sei sie paradoxerweise eine verbotene Schriftstellerin gewesen, noch bevor sie überhaupt Schriftstellerin war. Als sie nach vier Jahren wieder veröffentlichen durfte, war sie bekannt, ohne geschrieben zu haben.

Bindungen
Alles ist zugleich ich selbst.
Gebt mir ein Blatt, das mir nicht gleicht,
Helft mir ein Tier zu finden,
Das nicht mit meiner Stimme klagt.
Mein Schritt zerteilt die Erde, ich sehe
Tote mit meinem Antlitz sich umarmen
Und andre Tote zeugen.
Warum so viele Bindungen an diese Welt,
Eltern so viele und die erzwungenen Erben
Und all dies unsinnige Ähnlichsein?
Mich hetzt das All mit tausend eigenen Gesichtern.
Um mich zu schützen, muss ich immerzu mich
schlagen.

Während ihrer Kindheit und Jugend ist der Vater sechsmal im Gefängnis. Am Anfang für ein, für zwei Jahre, am Schluss sechs Jahre lang. Als er 1964 entlassen wird, stirbt er innerhalb weniger Tage. Er wurde

49 Jahre alt. In seinem Todesjahr erscheint Blandianas Debütband »Erste Person Plural«. Mit der Ära Ceauçescu beginnt für Rumänien zunächst eine politische Tauperiode. Der Westen sieht in dem neuen Machthaber einen Helden und Vermittler. Ana Blandiana kann publizieren, was sie will. Ihre Popularität wächst.
Sie verbindet die Ikonen des orthodoxen Glaubens mit dem individuellen Widerstand in der Diktatur. Ihre Engel sind rußverschmiert, weil sie nicht verbrennen können; aus Müdigkeit werden sie sündig, oder sie fallen wie reifes Obst herab, denn im Himmel ist jetzt Herbst. Sie beschwört die Schatten von Grashalm und Käfer als letzte Zeichen des Zarten und deshalb Unzerstörbaren. Sie ist auf der Suche nach den Schatten der Wörter, denn nur Wörter, die ihre Seele nicht verkauft haben, tragen ihn noch wie einen schützenden Glanz. Sie entwirft Idyllen der Heimat, die zunehmend zu Orten der Heimsuchung werden.
In der Weihnachtsnummer 1984 der Zeitschrift »Amfiteatru« erscheinen – wohl wegen der Feiertage, an denen auch Zensoren mit anderem beschäftigt sind – vier regimekritische Gedichte, die einen ungeahnten Skandal auslösen.

Kinderkreuzzug
Ein ganzes Volk,
noch ungeboren,
aber zur Geburt verurteilt.
Noch vor der Geburt in die Kolonne eingereiht,
Fötus neben Fötus,
ein ganzes Volk,
das nicht sieht, nicht hört, nicht begreift,
aber voranschreitet
durch sich windende Leiber von Frauen,
durch das Blut
ungefragter Mütter.

Ana Blandiana erhält erneut Schreibverbot, das auf internationalen Druck nach wenigen Wochen aufgehoben wird. Seither überwacht sie die Geheimpolizei. Die Vorstellung, dass vor ihrer Wohnung ein Wagen stand, der sie abhörte, habe sie zurückschrecken lassen, auch wenn sie ihren Mann nur fragte, ob er Tee oder Kaffee wolle.

Sie ändert ihre Überlebensstrategie. Sie beginnt mit dem Roman »Applausmaschine«, ein Buch, in dem sie sich mit der Diktatur und der Zensur, auch der Zensur im eigenen Kopf, auseinandersetzt. Sie schreibt frei, weil sie nicht davon ausgeht, dass der Roman, wenn überhaupt, noch zu ihren Lebzeiten erscheinen wird. Und sie schreibt Kinderbücher. Sie erfindet den Kater »Steckzwiebel«, der ihr unter der Hand zum Politikum gerät. Im letzten Buch nimmt er die Züge des selbstgerechten Diktators an. Seine Geschichten werden gierig aufgegriffen, in handschriftlichen Kopien weitergereicht. Die Folge ist ein erneutes Publikationsverbot.

Wider Erwarten überlebt Ana Blandiana Ceauçescu. 1993 kann die »Applausmaschine« im Westen erscheinen. Der Steidl-Verlag druckt aber nur Teile des Manuskripts, dem Buch wird das Rückgrat seiner Komposition gebrochen. Aus Gründen der Kalkulation sei nur eine Kurzfassung möglich gewesen. Neben der politischen Zensur lernt die Dichterin nun die ungeahnte Zensur des Kapitals kennen. Und dagegen, sagt sie, habe sie sich nicht wehren können.

Wenige Tage nach Ceauçescus Sturz – als überzeugte Christin spricht Blandiana von seiner unrechtmäßigen Erschießung – sollte sie sofort eine tragende Rolle in der neuen Regierung übernehmen. Sie ahnt ein strategisches Spiel mit ihrer Popularität und lehnt ab. Gott habe sie zu etwas anderem bestimmt, als Politik zu machen. Sie hofft, dass andere Schriftsteller und Intellektuelle ebenfalls zurückhaltend sind mit schneller parteipolitischer Bindung. Sie engagiert sich in der 1990 gegründeten Bürgerallianz, aus deren Reihen auch der heutige Präsident des Staates, Emil Constantinescu, kommt.

Wenn sie von den Wahlen im Winter spricht, denkt sie an Leben und Tod. Viele Bürger seien zu Recht enttäuscht von der Hinwendung zu westlichen Demokratievorstellungen und kapitalistischer Marktwirtschaft. Die Reformen gehen zu langsam voran, für viele sind sie ein Rückschritt. Manche der neuen Politiker verstünden auch ihr Handwerk nicht; wie denn auch, sie hätten vorher vielleicht einen Lehrstuhl gehabt. Ana Blandiana fürchtet, dass bei den nächsten Wahlen wieder neokommunistische Kräfte zum Zug kommen, die heute schon versprechen, alle geltenden Gesetze wieder aufzuheben. Es handle sich aber, sagt sie mit einer staunenden Melancholie, um demokratische Gesetze.

Als es klopft, ist sie schon aufgestanden. Heute sei sie vor allem eine öffentliche Persönlichkeit, ein Star, eine Meinungsbildnerin. Aber eigentlich sei sie Schriftstellerin, jemand, der auf Beobachtungen mit Sprache reagiere. Nun aber stehe sie im Rampenlicht, das sie doch betrachten solle. Sie wird abgeholt. Ein Professor nimmt sie mit zum nächsten Termin. »Mit intellektueller Solidarität« schreibt sie noch schnell in den Gedichtband »EngelErnte«.

»Die Falle« und »Kinderkreuzzug«, übersetzt von Franz Hodjak, sind zitiert nach dem Band »EngelErnte«, erschienen im Ammann Verlag, Zürich, 1994, S. 13, S. 109.
»Bindungen«, übersetzt von Joachim Wittstock, ist erschienen in: Dieter Schlesak (Hg.): Gefährliche Serpentinen. Rumänische Lyrik der Gegenwart. Druckhaus Galrev, Berlin, 1998, S. 9.

Lenka Reinerová
Simultanes Prag

Kurz vor Weihnachten hat sie in ihr Herz gesehen. Im Prager Klinikum liegend, spürte sie, wie es schlug, und gleichzeitig sah sie es auf einem Monitor. Ziemlich merkwürdig war das. Eigentlich habe es ausgesehen, als ob man im Herzen ein paar Wolken hätte, und die waren in Bewegung.
Ein knappes Jahr nach ihrem Infarkt zieht die 82-jährige Lenka Reinerová barfuß die Beine im Sessel an wie ein munteres Mädchen und reißt die riesigen Augen auf. Wieder einmal sei sie davongekommen. Wenn sie spricht, scheint ihr Ton sich an einem schönen Brechtwort zu orientieren: »Gib allem, was du empfindest, die kleinste Größe.«
Sie gießt Kaffee in silbern gestreifte Espressotassen und stellt die Glaskanne in den Stoffwärmer zurück. Es wird noch eine zweite Tasse geben. Hier im Mietsblock, vierter Stock, an der Ausfallstraße Plzenská, setzt der Ton der Straßenbahn ein wie ein fernes Sägen, unterbrochen von den Sirenen der Prager Ambulanzen. Lenka Reinerová wohnt seit 1956 in den zwei Räumen, die ihr großzügig bemessen erscheinen müssen, seit Mann und Tochter nicht mehr bei ihr sind. Zusammen haben sie in der Plzenská noch die Mondlandung erlebt. Während auf dem Bildschirm die ersten historischen Fußstapfen sich abzeichneten, stand im Fenster daneben golden das Gestirn. Dieses doppelte Bild hat sie fasziniert. Sie hält es für ausgemacht, dass die nächsten Generationen Abenteuerexkursionen in den Weltraum unternehmen werden und ge-

steht sich den Wunsch zu, intelligentere Wesen aus anderen Galaxien zu erwarten. Wir könnten sie brauchen.
Kosíre, ihr Prager Vorort, ist eine Gegend, die Touristen eher entgehen wird. Die Vielsprachigkeit im Service und auf den Speisekarten hat endgültig aufgehört. In öffentlichen Zimmern mit Bierausschank kann unter abgegriffenen Plastikfolien das Tagesangebot auf Tschechisch entziffert werden. Hähnchenbrust Prager Art mit Paprikastreifen und Essiggurken, die weiße Tartarensoße im Mokkatässchen dazugereicht. Die kleine Exotik dieser Speisestuben bietet keine Pommes frites an, aber geviertelte Bratkartoffeln. Für ein Tellergericht werden 55 Kronen berechnet, im schönen Jugendstilhotel Europa auf dem Wenzelsplatz kostet schon ein schnöder Filterkaffee fast das Doppelte.
Geboren ist die Tochter einer deutschsprachigen Mutter aus dem westböhmischen Saaz und eines tschechischen Prager Eisenwarenhändlers am 17. Juni 1916 im Vorort Karlín. Beide Eltern waren Juden. Auf dem Stadtplan ergibt sich die Lage von Karlín in etwa, wenn man bei der Karlsbrücke eine Spiegelgerade zieht und Kosíre über die Moldau nach Osten abbildet. Auch dieser Vorort ist Pragreisenden eher unbekannt, wie auch das anschließende Arbeiterviertel Zizkov, wo die Mutter ihre letzte Wohnung hatte. Dorthin kommen einige Fremde, die auf dem neuen Prager Friedhof das Grab Franz Kafkas besuchen möchten. Sie werden dann seltsame andere Grabsteine sehen, auf denen die Namen derer eingraviert sind, die weder hier gestorben noch hier begraben sind. Auch Lenka Reinerová hat das natürliche Grab ihres Großvaters um die Namen ihrer Mutter und ihrer beiden Schwestern künstlich erweitert.
Das letzte Mal hatte sie mit ihnen am 14. März 1939

gesprochen, am Telephon, von Rumänien aus, wo sie Freunde besuchte. Die Mutter signalisierte dem Kind, es dürfe nicht zurückkommen, die Gestapo sei da gewesen, die Okkupation Prags stehe unmittelbar bevor. Sie, die Bedrohteste ihrer Familie, hat überlebt; die Mutter und die Schwestern wurden von den Nationalsozialisten deportiert und umgebracht. Der Zufall und die Tatsache, dass die deutschsprachige Emigrantenszene nach dem Berliner Reichstagsbrand und vor dem Einmarsch der deutschen Truppen in Prag rege und überschaubar war, hatten Lenka Reinerová in die Redaktion der kommunistisch orientierten Arbeiter-Illustrierte-Zeitung gebracht. Dort verdiente sie ihr eigenes Geld und hatte ein Zimmer in der Melantrichowa-Gasse, gleich neben der gastfreundlichen Mutter Kisch und ihrem draufgängerischen Sohn. Ihr Prag war damals die Altstadt.

Die Melantrichowa führt in einem eleganten Bogen vom Wenzelsplatz auf den Altstädter Ring mit seiner schwer lesbaren astronomischen Rathausuhr, bei der sich stündlich die mittelalterlichen Apostel zeigen und ein Gerippe melodisch das Totenglöcklein läutet. Auf der anderen Seite des Platzes streckt die Teynkirche ihre gotischen Doppeltürme in den Prager Himmel. Nach der »samtenen Revolution« 1989 wurde es ein Terrain für Gaukler und fliegende Händler. Aufziehbare Pappmaché-Hühner gackern gegen das mahnende Totenglöckchen an, und die Teynkirche ist wegen Renovierarbeiten geschlossen. Geführte Schulkinder pressen ihre Nasen an eine Glastür am Portal, die einen schlierigen Durchblick freigibt auf den hohen Innenraum mit den ausgeräumten Seitenaltären. Auf gestärkten Tafeltüchern stehen trockene Weidenkätzchen in kleinen Vasen aus böhmischem Kristall. Hier um die Ecke hat Franz Kafka gewohnt, der noch leb-

te, als das bilinguale deutsch-tschechische jüdische Mädchen Lenka Reinerová ihre ersten Schulaufsätze schrieb.
Der Chefredakteur der Arbeiter-Illustrierte-Zeitung Franz Carl Weiskopf, ein gebürtiger Prager, der wie Kisch 1933 aus Berlin wieder nach Prag zurückgekehrt war, erkannte bald, dass das schmale Mädchen Lenka mit den riesigen Augen nicht nur Stenographie und Schreibmaschine beherrschte, sondern ziemlich gut erzählen konnte. Lenka hatte einen entlarvenden Blick für sprechende Details und einen verschwenderischen, einen heiteren Sinn für Gerechtigkeit, die sie sich ohne Großzügigkeit nicht denken konnte. Weiskopf begann, sie nicht nur tippen, sondern formulieren zu lassen. Anfangs gab er Schreibhilfen: »Bist du sicher«, soll er bei Lektüre einer ihrer Landschaftsschilderungen gefragt haben, »bist du sicher, dass du auch wirklich keine Farbe aus dem Spektrum ausgelassen hast?« So habe sie gelernt, sparsam Töne und Stimmungen zu prüfen.
»Schwarz-blau, verdunkelt« erinnert sie in ihrem jüngsten Erzählband »Mandelduft« die Zeit im Pariser Gefängnis, wo sie 1939 nach ihrer Flucht mit anderen tschechischen Intellektuellen inhaftiert worden war; »grau-grün, milchig trüb« waren ihr die ewigen Monate in Prager Einzelhaft 1952/53, als sie, die Antifaschistin und Kommunistin, ein Opfer der stalinistischen Säuberungsaktionen wurde. Zu Hause wartete eine kleine Tochter auf ihre Mutter, und ein kranker Mann ahnte, dass seine Briefe nicht mehr übermittelt wurden. Als man die Gefangene mit verbundenen Augen in ein Auto brachte, glaubte sie sich auf dem Weg zur Hinrichtung. Aber nur Stalin war gestorben und Lenka Reinerová fand sich in einem Prager Vorort wieder.

Wenn Lenka Reinerová sich an ihr langes Leben erinnert, sind ihr Überblendungen, in denen sich Gefängnisse und Fluchten, unerhörte Augenblicke in neuen Ländern und Orte des Erwachens aus bestandener Todesgefahr übereinander schieben und ineinander spiegeln, oft wichtiger als die bloße Chronologie. Die aber ist verwirrend genug. Aus Paris, wo sie noch Anna Seghers kennen lernte, freigekommen, trifft sie 1939 in Casablanca ein und leistet sich die jugendliche Begeisterung einer Ausreißerin: »Ich bin mir dankbar, dass ich mich, ohne Geld, ohne Papiere, doch nicht von der Exilantenhysterie habe anstecken lassen«, strahlt sie, als wehe sie noch heute die Wüste an, »vermutlich war ich das erste Mädchen aus Prag, das Afrika betreten hat.« Durch Vermittlung von Kisch und Weiskopf gelingt die Ausreise nach Mexiko. Nach dem Krieg kehrt sie mit ihrem jugoslawischen Mann, dem Spanienkämpfer, Arzt und Schriftsteller Theodor Balk, zunächst nach Jugoslawien zurück. »Belgrad, 1946, das war kein Spaß.« In einer Krankenhausruine gebiert sie ihre Tochter, während durch das offene Dach der Schnee fällt. Zurück in Prag seit 1948, soll sie bald den stalinistischen Terror erleben. Nach der Entlassung aus dem Gefängnis wird sie in die Provinz verbannt; von dieser Zeit erzählt einer ihrer schönsten Texte: »Glas und Porzellan«. 1956 erst darf sie wieder nach Prag zurück; sie findet die Wohnung in der Plzenská. Und ihre Geschichte spiegelt sich in ihrem Kind: Als im August 1968 wieder Panzer durch Prag rollen, macht ihre Tochter gerade Rucksackferien in England. Die Eltern wissen, dass sie ihr Kind so schnell nicht wiedersehen werden.

Auch nach dem Ende des Prager Frühlings wird sie wieder mit Schreibverbot belästigt. Übersetzungen, oft unter fremdem Namen, haben sie finanziell gerettet.

Noch bis zu ihrem achtzigsten Geburtstag hat Lenka Reinerová als gefragte Simultanübersetzerin gearbeitet. Dieses schnelle Wechseln zwischen den Sprachen trainierte ihren Sinn für synonyme und synchrone Erscheinungen, für Ähnlichkeiten und Alternativen. Sie spricht Tschechisch, Deutsch, Englisch, Französisch, Spanisch, Serbokroatisch, ein wenig Russisch.

Die Vergangenheit ist nicht unbedingt ein Thema am Kaffeetisch. Sie hat darüber geschrieben. Sie erfindet nicht, sie verdichtet. Oder sie findet Bilder, Szenen entlang der Möglichkeiten, die in jeder Faktizität mitschwingen. Die »Phantasie für die Wahrheit des Realen« nannte Goethe diesen stilistischen Impetus, jener Autor, der auch wusste, dass die Schönheit die »Tochter der Angst« ist. Lenka Reinerová nennt sich eine Freundin der Dialektik. Sie glaubt, dass die Fähigkeit zum Glück in der Trauer begründet liegt, von ihr berührt, könne man anders aus dem Leben schöpfen.

Sie schreibt von Hand, aus Vorsatz. Im Schlaf- und Arbeitszimmer, bequem in einem Sessel, die Füße auf einen herbeigezogenen Stuhl gelegt, das Papier mit einer Unterlage auf dem Schoß, notiert sie in einer Art Stenographie, so schnell, wie sie denkt. Außer ihr kann das niemand lesen. Im nächsten Arbeitsschritt setzt sie sich an ihre Continental-Schreibmaschine, die noch ohne Strom funktioniert, und legt ihre kleinen, mit Perlmutt lackierten Finger auf die chromgefassten schwarzen Tastenschälchen. Natürlich traue sie sich zu, einen Computer zu bedienen. Da könne man die Wörter einfach wieder wegwischen. Irritierend einfach. Über ein einmal geschriebenes Wort aber möchte sie – korrigierend – ein zweites setzen und, wieder korrigierend, ein anderes darunter. Und sie will beim Wiederlesen die Wörter gleichzeitig da haben und sich entscheiden können.

Zu viel wurde ihr schon weggewischt. Ihre Erinnerung aber hält manches fest, was nur sie noch sieht. Ihr Gedächtnis leistet die Überblendung. Im gestylten Café Slavia entdeckt sie das alte Slavia mit den Zahlkellnern in Frack und Fliege, die »Herr Ober« gerufen wurden, und im neuen Ganys mit den Kunstblumen und den Werbeplakat-Wandmalereien sieht sie das elegante Jugendstil-Café Louvre, wo sich einst Diskussionszirkel trafen. Hinter mancher Bankfiliale weiß sie den Kinderbuchladen oder – wie am Graben – das verschwundene große Café Continental mit den internationalen Tageszeitungen und, nicht weit davon entfernt, das noble, ebenfalls untergegangene Café Corso. Sie liest das moderne Prag als Übersetzerin, die Varianten bedenkt.

Sie erinnert sich auch noch einen pausbäckigen blonden Jungen. 1964 druckte sie seine Verse in ihrer Zeitschrift »Im Herzen Europas«, die nicht nur unter Prager Intellektuellen, sondern auch in der ehemaligen DDR zirkulierte. Noch heute wird sie gebeten, alte Nummern zu signieren. Ob der tschechische Staatspräsident und Dichter Václav Havel sich noch an seine einstige Redakteurin erinnert? Gerade bangt sie um seine politische Zukunft, auch wenn sie nicht umhinkann zu sagen, dass diesem Jungen aus einer der reichsten Prager Familien gewisse Dinge vielleicht doch entgangen sind.

Gut, der Sozialismus habe versagt. Oder, schränkt sie ein, versagt habe das, was wir als Sozialismus kennen gelernt haben. Diese Art Marktwirtschaft aber, die gerade mit Gewalt einführt werde, sei ein Kapitalismus des vorigen Jahrhunderts. Sie sieht, wie in Prag eine schmale Schicht rasant reich geworden ist. Wo aber seien die jungen Familien geblieben, die früher sonntags ganz selbstverständlich in die kleinen Prager

Restaurants essen gingen? Sie sehe keine mehr. Verarmen würden auch die Rentner. Solange ein altes Ehepaar mittels zweier Renten die Miete bestreiten könne, ginge es noch. Wenn aber einer stirbt, schaffe es der andere oft nicht mehr. Die Fassade ihres Hauses wird gerade neu gestrichen. Also hat sie eine Mieterhöhung von 41% erhalten. »Noh«, sagt sie dann böhmisch und möchte sich an die Zukunft erinnern.

Als junges Mädchen habe sie sich sehr gewünscht, das Silvesterfest zum Jahr 2000 zu erleben. Das wolle sie immer noch, vielleicht nicht mehr so euphorisch. Die Zeit sei reif für eine Gesellschaftsordnung, die sich den völlig neuen technischen Errungenschaften anpasse. Es müsse etwas unerhört anderes kommen. Und dabei wäre zu bedenken, dass eben nicht alle Menschen tüchtig sind. Noh?

Ein-, zweimal die Woche fährt sie mit der Straßenbahn über den Fluss in die Stadt hinein. Manchmal geht sie dann zum »Tanzenden Haus« am Moldauquai, eine unter Pragern umstrittene, avantgardistische Glas- und Betonarchitektur des Kaliforniers Frank O. Gehry und des Jugoslawen Vlado Milunic. Zwei aneinandergeschmiegte Turmhälften, eine Hommage an Ginger Rogers und Fred Astaire, treten aus der Gründerzeitfassade hervor, als begännen sie hier und jetzt den Tanz ins neue Jahrtausend. Ihr heiterer Impuls ist wirklich. Wirklich wie der Mond über Prag oder ein paar Wolken im Herzen.

Annemarie Schwarzenbach
Spielarten des Verlorenseins

Erst am Abend wird die Luft klarer, der Staub verteilt sich und macht den Farben des dämmerigen Himmels, der spiegelnden Berge und des Widerscheins eines sehr fernen Horizontes Platz. Selbst die leblose Halbwüste belebt sich um diese Stunde, wenn man auch immer zu wissen glaubt, dass ihre Farbe nur für kurze Zeit geliehen ist – so wie der Goldglanz der Lüstermalereien auf alten islamischen Gefäßen, der auch nur so lange den täuschenden Eindruck hervorruft, es handle sich um echtes Edelmetall, als die Sonne darauf fällt und eine bestimmte Spiegelung und Brechung der Strahlen erfolgt. Ein Rot und ein Sanftviolett, ein Kobaltblau und ein samtiges Türkisgrün gleiten wellenförmig über den ebenen Boden, und manchmal legt sich darüber wie ein Riese der Schatten der Berge von Norden.

Ende November 1934 veröffentlicht die Schweizer »National-Zeitung« das Typoskript »Die Stadt« der 26-jährigen Annemarie Schwarzenbach. Die Autorin hatte von September bis Dezember eine amerikanische Expedition zu Ausgrabungsarbeiten in das über 6000 Jahre alte Ruinenfeld von Raghan bei Teheran begleitet. Es war bereits ihr zweiter Aufenthalt in Persien. Wenige Monate später wird sie hier Claude Clarak, den französischen Botschafter in Teheran, heiraten und zur selben Zeit eine heftige Liebesbeziehung zu Jalé, der lungenkranken jüngsten Tochter des türkischen Konsuls, leben. Persien war ein extremer Ort ihrer Biographie, aber mehr noch muss sie es als jene Landschaft der Seele erfahren haben, die sie immer gesucht hatte. Es war das flüchtige orientalische Paradies, das seine Schönheit dem nahen Reich der Toten verdankt.

Aber diese Farben werden nicht etwa von der Dunkelheit abgelöst, nein, dazwischen schiebt sich die tote Stunde. Sie ist von jener Leprafarbe, die man auf Straßen, Feldern, Mauern und Häusern Persiens wieder findet. Die verbreitetste und eigentümliche Farbe des Landes, die Farbe des Staubs und des Kamelhaares, des rohen Lehms, der gebrannten Tonkrüge, der Soldaten. Es könnte leicht sein, dass jemand, der auf der Straße zwischen den beiden Städten von der toten Stunde überrascht wird und mit ansehen muss, wie alles ringsum und bis zum Horizont, von seinen geliehenen Farben entkleidet, zurücksinkt in das stumpfe Gelb, sich nicht mehr entschließen könnte weiterzugehen, sondern gleichsam auf der Stelle zur Salzsäule erstarrte vor Traurigkeit.

Annemarie Schwarzenbach wurde am 23. Mai 1908 in Zürich als Tochter des Seidenweberei-Millionärs Alfred Emil Schwarzenbach und seiner Frau Renée Marie geboren. Renée Marie war eine Tochter des deutschlandbegeisterten Generals Ulrich Wille, der im Ersten Weltkrieg an der Spitze der Schweizer Armee stand. Deren Mutter wiederum, Großmutter Clara, hielt darauf, eine geborene von Bismarck zu sein.
Schon zu Lebzeiten umgab die schmale Tochter aus gutem Hause eine jenseitige Verschattung. Sie entwickelte sich früh zu einer auffallenden androgynen Schönheit. Thomas Mann soll, als er die junge Frau erstmals in seinem Münchner Haus sah, zu ihr gesagt haben: »Merkwürdig, wenn Sie ein Junge wären, dann müssten Sie doch als ungewöhnlich hübsch gelten.« Nach einem späteren Besuch notierte er »lieb und morphin« in sein Tagebuch. Schließlich fand er das Bild vom »verödeten Engel«.

Auf dem Hofgut Bocken bei Horgen, oberhalb Zürichs, das die Familie Schwarzenbach 1912 erwarb, verkehrte europäischer Adel und internationale Prominenz. Man pflegte dort, gelinde gesagt, konservative Umgangsformen, deutlicher formuliert herrschte ein wilhelminisch-militärischer, bald profaschistischer Geist. Während der Vater sich eher in Firmengeschäfte zurückzog, ging von der Mutter die gesellschaftliche und politische Energie aus. Sie war eine bravouröse Concours-Reiterin und führte einen eleganten Salon. Dort kultivierte sie homoerotische Neigungen vor allem mit einer Bayreuther Wagnersängerin, der auf dem Hausaltar Räucherkerzen entzündet wurden. Renée Marie Schwarzenbach, eine ebenso strenge wie leidenschaftliche Frau, erzog Annemarie, in der sie sich wieder zu erkennen schien, wie einen Jungen. Die Mutter verkleidet das Mädchen als Rosenkavalier oder ruft es »Page Karl-Otto«. Das Kind, das keinen Kontakt zur gröberen Dorfjugend bekommen soll, erhält in der Klausur des Hofguts Privatunterricht. Auf Klavier und Reiten wird großer Wert gelegt. Die Mutter lockt das knabenhafte Mädchen mit dem Angebot einer symbiotischen Existenz, jedoch erfährt das Kind zugleich, dass seine Mutter Gemeinsamkeiten mit Frauen pflegt, von denen es dezidiert ausgeschlossen bleibt.

Früher, als ich noch sehr klein war, kamen schöne Frauen auf Besuch in unser Haus. Sie saßen bei Mama und tranken Tee aus blauen Tassen. Wenn ich hereinging, um guten Tag zu sagen, zogen sie mich zu sich heran und streichelten mich. Und ihre weißen Hände dufteten – zart und süß, der Duft blieb noch eine Weile in meinem Kinderzimmer hängen und ich saß still und atmete ihn ein.

Als das Mädchen älter wurde und die Zärtlichkeiten

der schönen Damen eine Deutlichkeit annahmen, die es erröten ließen, schickte die Mutter es jedoch fort. Solch erotischem Falschspiel wird die Tochter später scheinbar ausweichen, indem sie von der Liebe zwischen Frauen fast ausnahmslos aus der fiktiven Perspektive des Mannes erzählt. Diese Männer aber sind feminin gezeichnet und verbergen nur schwach das Selbstporträt der Frau, die sie erfand.

Die Photographien, die das Gesicht von Annemarie Schwarzenbach festhalten, zeigen den Anhauch eines Lächelns, das nicht recht gelingen will. Ihr unmittelbarer Ausdruck war ein trauernder Stolz, ein schwer fassbares Ausgesetztsein. Unter ihren starken dunklen Augenbrauen verriet ihr Blick etwas ebenso Keusches wie Mutwilliges. Wenn es wahr ist, dass die Götter jung sterben lassen, wen sie besonders lieben, müsste Annemarie Schwarzenbach unter einem ganz eigenen Schutz gestanden haben. Sie wird 34 Jahre alt.

Das Alter also war ihr erspart geblieben; davon abgesehen war sie in dieser kurzen Zeit seelischen wie körperlichen Schmerzen ausgesetzt, die auch für ein längeres Leben ausgereicht hätten. Seltsamerweise nimmt selbst auf den letzten Bildern ihr Gesicht kaum die Reife einer erwachsenen Frau an. Ein suchender Knabenblick grundiert ihre klaren Züge, die auch da, wo sie deutlich die Spuren des Drogenmissbrauchs tragen, nach dem alten Wort »Antlitz« verlangen.

Die Berliner Photographin Marianne Breslauer hat Annemarie Schwarzenbach über Jahre hin photographiert. Der Kulturwissenschaftler Kurt Wanner machte ausgewählte Arbeiten zugänglich in seiner aufmerksamen, anhand gedruckter und ungedruckter Quellen entwickelten biographischen Studie »Wo ich mich leichter fühle als anderswo. Annemarie Schwarzenbach und ihre Zeit in Graubünden«. Hier zitiert er auch den väterlichen Freund und Pastor, Ernst Merz, einen der Wandervogelbewegung nahestehenden Pädagogen, der sich besänftigend mit einem Goethewort erinnert: »Die Anmut ihres Wesens, die Lebendigkeit ihres Geistes bleiben – als Vermächtnis einer Jungverstorbenen, die viel geliebt und viel gelitten hat, und der darum auch viel vergeben wird.«

Sie war schön, und sie war reich. Sie war das Millionärstöchterlein, der Prototyp der verwöhnten höheren Tochter, die, kaum volljährig, selbstverständlich einen eigenen Wagen fuhr, mit dem sie bald das Leben einer modernen Nomadin führte. Sie war lesbisch. Als Zwanzigjährige gesteht sie, dass sie »nur Frauen mit wirklicher Leidenschaft lieben« könne, und heiratet – zum Entsetzen der Mutter – einen homosexuellen Ausländer. Sie rauchte, trank fraglos zu viel Alkohol und begann schon mit vierundzwanzig Jahren, Morphium zu nehmen. Sie unterstützte das politische Cabaret von Erika Mann und riskierte dafür den Bruch mit der Familie, – von der sie zeitlebens finanziell abhängig sein sollte. Ihr Erfahrungshunger trieb sie zu gefährlichen Reisen. Sie lebte wie ein Mann und litt an allen Spielarten des Verlorenseins und der Einsamkeit. Sie übertrieb, sie hielt sich an keine Norm. Leichtfertig spielte sie ihr Leben aus, als gehöre es nicht ihr. Und als habe sie deshalb in dieser Welt nicht sehr viel zu verlieren. Zunehmend wird das Schreiben zu einem Lebenselexier. Nach dem Sog der Mutterliebe ist es ihre zweite Droge. Sie lebe nur, statuiert sie, wenn sie schreibe. Im Prozess des Formulierens findet sie eine meditative Daseinssicherheit.

An Ernst Merz schreibt sie:

Es ist merkwürdig, dass außer Ihnen niemand das in meinen Schriften versteht, was mir Freude macht: die Art, der

Klang, die Schönheit des Wortes. Ich schreibe fast nie einer Idee zuliebe, sondern ein irgendwann aufgetauchter Gedanke ist nur die Grundlage und gibt mir die Mittel, schreiben zu dürfen. Der Inhalt ergibt sich von selbst, aber zu schreiben, zu formen – langsam, gleichsam musizierend zu schreiben: Das gibt mir ein ungeheures Problem.

Früh ahnt die starke Mutter, dass dieses dunkle Glück sich nicht nur unabhängig von ihrer Machtsphäre entwickeln kann, sondern diese Macht geradezu bedroht. Sie versucht zu verhindern, was nicht mehr zu verhindern ist. Dem 17-jährigen Mädchen schreibt sie 1925 in das Hochalpine Töchterinstitut nach Ftan im Unterengadin, wo Annemarie das Abitur machen soll: »Und Dank, dass Du nicht mehr schreibst. Bleibe bei dem Entschluss. Du sollst gesund sein, das ist die Hauptsache.«
Das Kind aber schrieb und kümmerte sich nicht um sein physisches Wohlergehen. 1931, sie ist einundzwanzig Jahre alt, erscheinen zeitgleich ihre noch heute gelesene Dissertation »Beiträge zur Geschichte des Oberengadins im Mittelalter und zu Beginn der Neuzeit« und ihr erster Roman »Freunde um Bernhard«. Daneben hatte sie bereits Novellen, Skizzen und Märchen geschrieben, die, soweit erhalten, in der Nationalbibliothek in Bern eingesehen werden können. »Ausgewählte Werke« von Annemarie Schwarzenbach erscheinen im Lenos-Verlag unter der Betreuung von Roger Perret. 1987 hatte er in einem Essay in der Zürcher Zeitschrift »Der Alltag« auf die vergessene Schriftstellerin wieder aufmerksam gemacht.
Vielleicht war es für Annemarie Schwarzenbach fatal, eine Frau kennen zu lernen, die – ohne dass sie es wollte – Schutz und Freiheit zugleich versprach. Noch als Studentin trifft sie 1930 mit Erika und Klaus Mann

zusammen. Die Briefe, die sie hauptsächlich in den Jahren 1930 bis 1933 an Erika Mann schreibt, lassen eine zärtliche, komplizierte und letztlich ungleichgewichtige Liebesbeziehung nachvollziehen, die für Annemarie Schwarzenbach ein ebenso fiktiver wie fundamentaler Halt gewesen sein muss. Die starke und robuste Erika, eine mutige und selbstbewusste Frau mit dem sicheren Boden einer politischen Überzeugung, übernimmt die modifizierte Rolle der bergenden, aufmunternden – und später abweisenden Mutter. In den ersten Briefen betitelt Annemarie Schwarzenbach Erika Mann als »lieben Bruder« oder »großen Bruder« und unterzeichnet mit »Dein Kind«.

... ich möchte, wie ein Kind, andauernd sagen, dass man mir helfen soll – u. Du sagtest ja, ich sei innerlich verwildert u. unerzogen – u. so kann ich auch jetzt nicht begreifen dass kein Zorn u. keine Auflehnung bewirken werden, dass mein großer Bruder Eri kommt, den ich sehr liebe –

Für Erika Mann war Annemarie Schwarzenbach – auch wenn sie sich über Jahre finanziell und als mutige Journalistin im antifaschistischen Widerstand engagierte – nie eine ganz verlässliche Kandidatin. Sie war das »Unglückskind, die wirre, irre, grausliche Annemarie«, wie sie an ihre Mutter Katja Mann schrieb. Erika Mann verurteilte die Morphium-Exzesse und scheint den Sog der schönen Traurigkeit dieses »störrischen Unglücksengels« nie recht ernst genommen zu haben. Schwer verständlich dürfte für sie auch gewesen sein, dass sich Annemarie Schwarzenbach während der prekären Jahre des erstarkenden Nationalsozialismus immer wieder nach Persien flüchten musste. Für ihre Reise durch die Türkei, Persien und Afghanistan, zu der Annemarie Schwarzenbach 1939 mit ihrem neuen Ford und in Begleitung der Schriftstellerin und Ethnologin Ella Kini Maillart aufbricht, meint sie sich denn auch gegenüber dem »großen Bruder« wieder entschuldigen zu müssen:

Solche Pläne, ja die ganze Unternehmung, so herben Charakters u. mit so enormen Anforderungen u. Entbehrungen jeder Art verbunden, muss Dir u. Klaus absonderlich scheinen. […]
Man frägt sich ja denn auch, ob es, heutzutage, erlaubt sei, – ob man sich nicht einer dringenden Aufgabe entziehe. – Aber: Chauffieren für den Kriegsfall, arbeiten in einem Comitee für Flüchtlingshilfe, oder politischer Journalismus: was es auch sei, – ich bin nicht unersetzlich, u. ich habe böse Zeiten hinter mir, aus denen ich gelernt habe what was wrong about me…Verspätete Kindheitsfehler. […] Deshalb entschloss ich mich, mir eine Chance zu geben, die einer Reifeprüfung gleicht. Die Gelegenheit bot sich, die Reise mit Kini zu machen. Ich tu es gewiss nicht »for fun« – aber ich glaube, die Arbeit, die Balkanstraßen (teuflisch bis dahin!), die Nächte im Schlafsack auf bloßer Erde, dieses strenge Leben, reich u. neu, aber ohne Zärtlichkeit – es kommt mich hart an, u. da es kein Zurück u. kein Versagen gibt […] – so wird es gut für mich sein.

Hinter ihr liegen drei Morphium-Entziehungskuren innerhalb weniger Monate und das provozierte Leben einer in edlen Automobilen fahrenden Zeitungskorrespondentin. Sie reist mit Schreibmaschine, Photoausrüstung, Schlafsack und locker verabredeten Aufträgen. Ihre Sprachkenntnisse, ihr französischer Diplomatenpass, ihre Herkunft und die daraus sich ergebenden gesellschaftlichen Verknüpfungen, manchmal auch ihre Freundschaft zu der Familie Mann und oft die Selbstverständlichkeit, Geld ausgeben zu können, helfen ihr aufzubrechen in die Erlösung versprechende Fremde. Ihre Arbeiten finden sich verstreut in verschiedenen Publikationsorganen. Bislang sind etwa 350 Bild- und Textreportagen von Annemarie Schwarzenbach wieder aufgefunden worden, einige wurden in Sammelbänden neu ediert. Sie berichtet unter anderem aus den spanischen Pyrenäen, dem Vorderen Orient, sie hat zusammen mit der Journalistin Barbara Hamilton Wright glänzende Reportagen aus den amerikanischen Südstaaten erarbeitet, sie schrieb aus dem annektierten Österreich und dem nationalsozialistischen Deutschland. Ihre letzten Texte wird sie in Belgisch-Kongo, Marokko und Lissabon verfassen. Müde und krank kehrt sie immer wieder ins Engadin zurück, wo sie in der Höhe der Berge und in der Erinnerung an heitere Schneetage der Kindheit sich ein Asyl schafft. Sie tauscht die Grandhotels von St. Moritz und Sils Maria gegen ein gemietetes altes Bündnerhaus in Sils Baselgia, wohin sie die Mann-Geschwister, Grete Weil und wechselnde Freundinnen und Reisegefährtinnen einlädt.

Die Freundschaft zu Klaus Mann intensiviert sich. In dem homosexuellen Schriftsteller und leiblichen Bruder von Erika sieht sie ein Alter Ego, einen zwillingshaften Seelenverwandten. Dem ebenfalls abhängigen Klaus schreibt sie von den Qualen der Entziehungskuren und beteuert immer wieder, dass es sich nicht lohne, »Thun« oder »Thunfisch« oder »Fisch«, wie die Droge zwischen ihnen beiden heißt, zu nehmen. Tatsächlich wird die Droge zu einem Hauptproblem, das ihre Reisen und ihre vielfältigen Liebesbeziehungen überschattet oder verhindert. Auch zu Zeiten, da ihr das Leben kaum mehr möglich war, saß sie noch zitternd an ihrer soliden mechanischen Schreibmaschine. Sie verfasste etwa in »Tod in Persien« oder »Das Wunder des Baums« oder »Marc« traumwandlerische lyrische Prosa, aber sie beherrschte auch die genau recherchierte Sozialreportage, in die sie – wie in Bernstein – erinnerte Kostbarkeiten einschließt. In einem ihrer späten Texte »Nach Westen« – 1940 entstanden auf dem Dampfer nach Amerika – beschreibt sie zunächst eine heitere Gruppe Schweizer Serviermädchen, die bei der New Yorker Weltausstellung Arbeit und Glück suchen wollen, um dann über eine Radiomeldung eine Hommage an den verehrten Joseph Roth und die bedrohte deutsche Literatur zu entwickeln:

Es waren hübsche und fröhliche Mädchen, für die Radionachrichten interessierten sie sich wenig, eigentlich noch weniger als die Amerikaner an Bord, die meistens Geschäftsleute waren. Ich erinnere mich nicht genau, wie die Nachricht aufgenommen wurde, dass die Nazis in Holland eingedrungen seien. Ich dachte sofort an meine Freunde in Amsterdam, [...] Ich dachte daran, dass ich den Schriftsteller Joseph Roth zum letzten Mal in einem kleinen Hotel in Holland gesehen hatte; um elf Uhr vormittags saß er da an einem Kneipentisch, zwischen Matrosen und Arbeitern, eine Flasche Gin vor sich, und zeigte uns, meinem Freund Klaus und mir, sein letztes Manuskript. Die Handschrift war sehr sauber, aber so klein; man hätte ein Vergrößerungsglas gebraucht, um sie lesen zu können. Joseph Roth sprach von Österreich, das wieder auferstehen würde, von den holländischen Verlegern, die ihm zu wenig Vorschuss zahlten, so dass er die Hotelrechnung und den Gin schuldig blieb, aber die, immerhin, seine Bücher drucken würden. Vielleicht, dachte ich, wird dieser Roth noch einmal ein Buch schreiben wie den »Radetzkymarsch«, ein ebenso schönes Buch; wir müssen ihm die Ginflasche am hellen Morgen nachsehen und müssen sehr froh sein, dass es noch ein oder zwei Verleger in Holland gibt, die unsere deutschen Bücher dru-

cken. Viel verdienen sie sicher nicht daran, die Auflageziffern sind, natürlich, klein, aber immerhin existieren dann die Bücher, und Joseph Roth schreibt noch, wenn er auch arm ist und Schulden macht und zuviel trinkt, und die deutsche Sprache lebt noch.
Das ist ungefähr vier Jahre her. Joseph Roth ist kürzlich gestorben – am Trunk, sagen die einen, die anderen sagen im Elend, es macht wenig Unterschied, und es ist besser, als wenn er jetzt den Nazis in die Hände gefallen wäre. Andere sind ihnen in die Hände gefallen, und andere unter meinen Freunden haben sich dort, im hübschen Holland, das Leben genommen. [...] Und die ein oder zwei holländischen Verlage werden jetzt dafür büßen müssen, dass sie unsere deutschen Bücher noch gedruckt haben.

Für die Redaktionen, die sie belieferte, war ihr Lebensstil nicht immer verständlich, aber sie galt als zuverlässig. Im vielleicht schönsten Nachruf schreibt der ehemalige Chefredakteur der »Zürcher Illustrierten« Arnold Kübler: »Immer sehen wir in unserer Erinnerung sie auf der Schwelle unserer Redaktionsräume erscheinen als eine Wiederkehrende von großer Reise oder als Abschiednehmende vor einem Weitweggehen. Dabei unterblieb jede betonte Gebärde, es wurde vom Ungewöhnlichen kein Aufhebens gemacht, wie sie überhaupt leise war. Sie legte mit gelassener Freundlichkeit uns die Ergebnisse ihrer Fahrten aufs Holz unserer Büropulte. Hier und da versuchten wir, ihre Aufmerksamkeit auf nahe Gelegenes zu lenken. Sie sollte uns helfen, unser eigenes Vaterland deutlicher zu erfassen. Wir unterschätzten ihr Fernweh. Sie ließ sich nicht halten. Kaum abgesessen, flog sie wieder auf wie ein ruheloser Vogel, so, als berge die Ferne den großen Fund ihres Lebens. Weil sie nicht wie eine Ausflüglerin reiste, sondern wie eine Irrende, gab es

keine Schranken für ihre Anteilnahme am Fremden, und die Unvoreingenommenheit war ihre fruchtbare Begleiterin.«
Sie liebte die Schweizer Berge, das Engadin als ein Versprechen der Kindheit, und glaubte doch nur, in der Ferne bei sich ankommen zu können.
Sie starb an einem Schritt zur Sesshaftigkeit. Sie stürzte mit dem Fahrrad auf dem Weg zum Notar, wo sie den Kaufvertrag für ihr Bündnerhaus in Sils Baselgia unterschreiben sollte. Ein Stein der geliebten »Murmeltiererde« bohrte sich ihr in die Stirn. Nach Tagen im Koma, aus dem sie nie völlig erwachte, starb sie, um Morphium bettelnd, streng bewacht von zwei fremden Pflegerinnen, die von der Mutter angehalten waren, jedermann den Zutritt zu verwehren. Wenige Stunden nach ihrem Tod waren Mutter Renée Maria und Großmutter Clara zur Stelle und bereinigten – entgegen dem Willen ihres Testaments – ihren Nachlass.

Die Originalzitate sind folgenden Titeln entnommen:
S. 130f.: Annemarie Schwarzenbach: Auf der Schattenseite. Ausgewählte Reportagen, Feuilletons und Photographien 1933–1942. Hrsg. v. Regina Dieterle und Roger Perret, Lenos Verlag 1990, S. 74f.
S. 132: Annemarie Schwarzenbach: Pariser Novelle [2] 1929, zit. bei: Areti Georgiadou: »Das Leben zerfetzt sich mir in tausend Stücke« Annemarie Schwarzenbach. Eine Biographie, Campus Verlag, 1995, S. 38f.
S. 135: Kurt Wanner / Marianne Breslauer: »Wo ich mich leichter fühle als anderswo«. Annemarie Schwarzenbach und ihre Zeit in Graubünden. Verlag Bündner Monatsblatt, 1997, S. 12
S. 136: »Wir werden es schon zuwege bringen, das Leben«. Annemarie Schwarzenbach an Erika und Klaus Mann. Briefe 1930–1942. Hrsg. v. Uta Fleischmann, Centaurus Verlagsgesellschaft, ^{2}1998, S. 18
S. 137: ebend., S. 86f.
S. 139f.: Auf der Schattenseite..., S. 259f.

Arnold Kübler
Im Augenblick des Du

Anfang der 50er-Jahre zitiert der Photograph Henri Cartier-Bresson einen französischen Kardinal aus dem 17. Jahrhundert: es gebe nichts auf dieser Welt, das nicht einen entscheidenden Augenblick habe. Damit war die moderne Reportagen-Photographie definiert. Sie arrangiert nicht, sie stilisiert nicht. Sie wartet ab. Ihr Impuls ist die Neugierde, ihr Ethos die Aufmerksamkeit, ihre Gnade der Moment der Begegnung. Manch schwarz-weißes Staunen, Lachen, Erschrecken erhält – im entscheidenen Nu eingefangen – die paradoxe Würde des ewig Unmittelbaren. So setzt der photographierte »entscheidende Augenblick« einen Akut auf die Wirklichkeit.

In jenen Jahren beginnt Cartier-Bresson, in einer Schweizer Monatszeitschrift zu veröffentlichen, die schon seit ihrer Gründung 1941 nach Impulsen arbeitete, die ihm verwandt gewesen sein müssen. Sie heißt »Du«. Arnold Kübler, 50-jähriger Erfinder eines Namens und eines neuen Zeitschriften-Konzepts, hatte Mühe gehabt, den unspektakulär radikalen Titel durchzusetzen. »›Du‹ ist ein Programm«, schreibt er als »Titelverteidiger« im ersten Editorial in der März-Nummer 1941:

Wir leben in einer Zeit größter Umwälzungen und Verschiebungen. Es herrscht Eisgang in den Zuständen der Welt. (…) Wir erleben Krieg um uns. (…) Und erfahren dabei, wie neue Kräfte aufbrechen in uns, gerufen von den neuen

Forderungen der Zeit. Alle Tage rufen es uns zu: Du bist nicht allein! Du bist nicht für dich allein da. Du hast Verantwortung und Aufgaben jenseits deiner persönlichen Neigungen und Abneigungen. Von allem redet unser Titel.

So war »Du« die engagierte Momentaufnahme eines solidarischen Ich. Denn hier war jemand gewillt, genau hinzusehen, und hier musste sich jemand durchsetzen gegen einen Verlag, der für die neue Zeitschrift bei Friseuren warb und einen eleganten, an der französischen »Illustration« orientierten Titel wie »Elan« oder »Profil« bevorzugt hätte. Der Graphiker und Photograph Emil Schulthess war auf Küblers Seite. In der Entscheidungsphase legte er bewusst die besseren, die ausgefeilteren Titelblatt-Entwürfe mit dem umstrittenen »Du« vor. So ließ sich, über das Layout, der Name durchsetzen. Die Leser applaudierten und schickten noch monatelang selbst entworfene »Du«-Gedichte.
Arnold Kübler hatte in seinem Leben einiges werden wollen, nicht unbedingt aber Chefredaktor. Am 2. August 1890 kommt er als mit Abstand jüngstes von sechs Kindern in Wiesendangen bei Winterthur zur Welt. Sein Vater ist Bauer, Holzhändler und Wirt. Mit 12 Jahren verliert der Junge die geliebte Mutter. Später wird er im ersten seiner fünf autobiographischen »Öppi«-Romane die anfängliche Geborgenheit im Schweizer Dorf minutiös zurückholen.
Vielleicht weil sein »frühestes Spielzeug« die »Ackersteine« gewesen waren, versucht er es mit einem Geologiestudium, das ihn nach Rom und nach Delft führt, zur Kunst, zum gehauenen Stein, zur geführten Linie. Nach einem Intermezzo an der Bergakademie in Berlin bricht er 1917 seine Arbeiten als Geologe ab und beginnt eine Bildhauerlehre in Zürich. Schon 1918 aber versucht er sich als Schauspieler, bekommt gar ein

Engagement am Stadttheater Zürich, arbeitet – um seine hochdeutsche Aussprache zu verbessern – auf Bühnen in Deutschland. Er dilettiert in Berlin als Bierkneipenwirt und schreibt Dramen, die zur Aufführung kommen. Seine bildhauerischen Arbeiten hat er im Zürichsee versenkt. Kübler ist in vielem begabt und findet noch nirgends den Durchbruch.

Er ist 36 Jahre alt, als er an einer Furunkulose erkrankt und ein Chirurg ihm das Gesicht so zerschneidet, dass an eine Bühnenkarriere nicht mehr zu denken ist. Er ist 37, als er eine Schwedin heiratet, die zwei Söhne in die Ehe bringt, sodass er sich von nun an für eine Familie verantwortlich weiß und als Fremdsprachenkorrespondent für einen Seidenfabrikanten arbeitet. Auch davon kann man leben. Er ist 38, als seine Tochter Ursula geboren wird – die spätere Frau von Boris Vian, dem provozierenden Liebling von Saint-Germain, mit dem sie eine kurze Spanne Nachkriegszeit verbringen wird, bevor der Liebling der schmutzigen Götter jung stirbt.

Kübler, kaum 40, ein »geschulter Gescheiterter«, bewirbt sich 1929 auf eine Stellenannonce und lässt sich zum Leiter der »Zürcher Illustrierten« machen, »die aber nur eine Bilderzeitung war, in welcher Art Blättern sich in der Regel das gut Geschriebene vor dem mäßig Photographierten zu ducken hat«. Das wird sich ändern. Arnold Kübler hat einen besonderen Blick und engagiert hervorragende Photographen. Nach einem Bericht über die neuen Herrscher in Deutschland kann es sich Kübler als Ehre anrechnen, dass die »Zürcher Illustrierte« die erste Schweizer Zeitung ist, die schon 1933 von den Nationalsozialisten verboten wurde, eine »Ehre indessen, (welche) in jenen Tagen bei uns durchaus nicht allgemein als eine solche angesehen wurde.«

Kübler macht seine Zeitungsarbeit, aber er kann es nicht lassen, auch für das politische Cabaret zu texten, tritt selbst auf, schleicht sich über Hinterwege doch noch zur Bühne. Morgens ab fünf Uhr, noch vor der Redaktionsarbeit, sieht man ihn in der dämmernden Stille des Zürcher Bahnhofsbuffets dritter Klasse. Dort stiehlt er sich die Zeit für seine Romane.

Als 1940 die »Zürcher Illustrierte« eingestellt wird – in den Kriegszeiten gehen die Anzeigen zurück –, soll Kübler im Ausgleich ein Prestigeobjekt übernehmen, eine neue, von Conzett & Huber im modernen Farbtiefdruckverfahren hergestellte Monatszeitschrift, eine Visitenkarte avantgardistischer Zeitungskunst.

Eine Gratwanderung beginnt. »Du« erscheint monatlich mit einem in den ersten Jahren eher konservativen Kunst-Titelbild. Das Heft enthält einen ausführlichen Modeteil, Parfümreklame, Hinweise von »Regula« zu Gartenkunst oder Körperhaltung, einen Schweizer Fortsetzungsroman und Erzählungen. Aber schon sehr bald wird gegen die gehobene Lebenskultur der »entscheidende Augenblick« gesetzt. Auf verschiedene Weise. Das Februar-Heft von 1942 etwa stellt das Bild »Die Armensuppen in Ins« (1893) von Albert Anker aus dem Berner Kunstmuseum vor: zunächst in der bekannten Totalen, dann aber in der Verfremdung von Detailreproduktionen. Und das bekannte, fast heimelige Tableau der Armut bricht auf. Unmittelbar sind sie auf einmal da: die großen Blicke, die eindringlichen kleinen Gesten von Individuen. So genau hatte man die »Armensuppe« vorher noch nicht gesehen. Und unmissverständlich kann die alte Szene so zum Kommentar werden für die moderne Not. »Die große Armut ist unserm ganzen Kontinent vorausgesagt und kündigt sich in vielem an. Zunächst nicht so sehr in Ins und nicht so sehr in unserm Land. Aber das kann kein

Trost und keine Beruhigung sein«, so Kübler im Editorial.

Der Titel der Oktober-Nummer zeigt schöne aquarellierte Kostümentwürfe zu einer Wilhelm-Tell-Aufführung im Zürcher Schauspielhaus. Im Heft selbst findet sich neben Texten zum Theater auch ein ganzseitiges Photo von Rekruten. Die Bildunterschrift sagt, dass sie Zuschauer bei einer Tell-Aufführung sind. Der Bildbetrachter aber sieht nur ein Heer von Männerköpfen, über einem zerknitterten Grau. Da nämlich die Soldaten dicht an dicht sitzen und alle die gleiche Uniform tragen, wird ihre Kleidung zu einer riesigen dunklen Decke, aus der allein staunende Gesichter ragen. »Du« zeigt hier eine Photographie über eine Kulturveranstaltung; und es ist ein Bild zum Krieg.

Arnold Kübler hatte Wert darauf gelegt, die erste Garde der Schweizer – später auch der internationalen – Photographen zu engagieren. Schon in der Zürcher Illustrierten arbeitet er mit Hans Staub, Paul Senn und Jakob Tuggener zusammen, im »Du« kamen der hoch begabte, viel zu jung während einer Reportage in den Anden verunglückte Werner Bischof und René Burri dazu. Durch die Hefte ziehen sich in feiner Dosierung, aber unübersehbar Photographien von zerbombten Städten, fliehenden Frauen, verlassenen Kindern. »Du« illustrierte das Abstraktum Krieg mit der Provokation des Details.

Kübler scheute harte Schnitte nicht. In der Weihnachtsnummer von 1942, zu einer Zeit, da in Berlin froh war, wer eine Zitrone zum Nachmittagstee mitbringen konnte, beginnt in »Du« ein elaborierter Vorschlag zum Festmenu: »Les perles fraîches de Sterlet. Dunkelgrauer, großkörniger Malossol-Kaviar vom Unterlauf der Wolga. In der Büchse auf Eis servieren. Geröstete Schnitten frischen Weißbrotes zum Belegen. Zitronenviertel zum Beträufeln.« Aber wenige Seiten vorher findet sich unter dem Titel »Europäisches Tagebuch 1942« ein Dialog, bei dem es nicht um kulinarische Vielfalt geht, sondern um die eingeschränkte Wahl der Todesart: »Was hast du Dafür?«, will ein Mann vom anderen wissen. Der antwortet: »Tabletten.« Worauf der erste bedauert, keine Tabletten mehr bekommen zu haben. Im bliebe nur noch ein Strick. Nach einem lakonischen Wortwechsel tauschen sie aus: »Ich bin der Stärkere und kann mit dem Strick besser umgehen.« Das ist Säure zwischen festlich ausgeschmückten Geschenkideen.

Kübler arbeitete diskret und intelligent. Er kannte seine »sesshaften bewahrten Schweizer« und ihren Hang zur überschaubaren Ordnung. Den achtete er und gegen den schrieb er an:
Ordnung bedeutet allemal auch Vereinfachung, Zwang, Vergewaltigung vieler Neigungen und die Leugnung augenfälliger Unterschiede. Jede Ordnung trägt in sich auch die Gefahr, zum Selbstzweck zu werden, und ruft der Gegnerschaft des Lebendigen.
Zu den engagiertesten und auskomponiertesten frühen »Du«-Heften gehört das März-Heft 1945. »Gib dem Manne die Hand, es ist ein Flüchtling« steht als Motto über Küblers Vorwort. Zwischen Reportagephotographien von Paul Senn, Werner Bischof, Hans Staub findet sich die ganzseitige Reproduktion von Ferdinand Hodlers »Ahasver«. Es ist das Bild eines alten müden Wanderers, der direkt auf den Betrachter zukommt; schon im nächsten Augenblick werden sie sich nah gegenüberstehen. Statt einer Bildunterschrift gibt ein Auszug aus einem unveröffentlichten Manuskript von Margarete Susmann das Geleit: »Das jüdische Schicksal im Spiegel der Hiobsdichtung«. Und

Hans Mayer schreibt einen Essay »Zur geistigen Lage der Flüchtlinge in der Schweiz«.

Kübler hat das programmatische Personalpronomen »Du« wohl im Sinn jenes Brecht-Satzes verstanden, dass die kleinste gesellschaftliche Einheit nicht einer, sondern zwei sind. Es ist jene kleine Größe, auf der Kübler bestehen wollte, ein Maß der Gemeinsamkeit. Nach dem Tod seiner Frau leistet der 76-jährige Trauerarbeit, indem er die zu zweit oft befahrene Strecke zwischen Paris und Basel noch einmal für sich allein ausmisst. Der alte Mann macht sich auf den Weg und geht während 28 Tagen die gut 500 Kilometer zwischen den Metropolen ohne Hilfsmittel zu Fuß. Dabei zeichnet er und denkt nach. »Paris – Bâle à Pied« ist sein bekanntestes Buch geworden.

In den sechzehn Jahren unter Arnold Küblers Leitung wurde »Du« schnell zu der Schweizer Zeitschrift, die aufmerksam aus der ganzen Welt berichtete. Der Chefredaktor aber wollte sich ein Gespür dafür bewahren, was Distanz ist. Deshalb ging er zu Fuß. Weil er ein Mann war, der technisch ausgefeilteste Reproduktionen anbot, verlangte er von sich selbst die einfache Zeichnung aus der Hand, oft mit dem Kugelschreiber: nicht zu korrigieren, momenthaft wahr. Und weil er Worte verkaufte, in Kommentaren, Reportagen, Geschichten, wusste er, dass das Wort zu hüten war. Streng hielt er einen Schweigetag in der Woche ein. In der Redaktion, auch im Restaurant zeigte er dann sein selbst geschriebenes Schildchen: »Ich darf heute nicht reden.«

Die liebevoll gestaltete 50. Nummer vom März 1991 (mittlerweile schrieb sich die Zeitschrift mit Kleinbuchstaben »du«) ist Arnold Kübler gewidmet. Damals bemerkte die Literaturkritikerin Beatrice von

Matt in ihrer Besprechung des Heftes, sie vermisse »eine genau recherchierte Darlegung dessen, was die innovatorische Redaktionsarbeit im einzelnen ausmachte, eine Erhebung der vielen Nummern, die Arnold Kübler verantwortet hat in harten Zeiten.« Diese Arbeit ist bis heute nicht geleistet worden. Eine Zeitschrift spricht eine komplizierte Sprache, in ihren Themen, ihren Bildern, ihren Texten, in ihrer Komposition. Wer bereit wäre, sich Zeit zu nehmen, könnte die frühen »Du«-Nummern lesen und interpretieren: als Arnold Küblers engagiertes, neugieriges und menschenfreundliches Hauptwerk. Es öffnet ein kosmopolitisches Fenster Schweizer Kulturgeschichte.

Gebrüder Enzensberger
Die guten bösen Buben

Ulrich Enzensberger
Berlin, Prenzlauer Berg, Schönhauser Allee. Er lacht aus der Wohnungstür, die Treppe hinunter. Er hält den vorgezogenen Kopf leicht schief wie ein pickender Vogel. Mit jeder Stufe sieht er seinem großen Bruder ähnlicher. Die hohen Zimmer sind spärlich eingerichtet. Bertolt Brecht, der vorschlug, so zu leben, dass man innerhalb von zwei Stunden aufbrechen könnte, hätte es hier gefallen.
Ulrich Enzensberger ist schwer zu erreichen. Gestern erst kam er aus Italien, wo er an der Übersetzung der Memoiren des amerikanischen Literaturwissenschaftlers Anatole Broyard gearbeitet hat – immerhin könne der einen Geschlechtsverkehr so beschreiben, dass man auch verstehe, um was es da geht. Morgen früh um fünf müsse er weiter nach Albanien. Er recherchiere eine Reportage für die Süddeutsche Zeitung und ein Radio-Feature. Es ist abends kurz vor 21 Uhr. Auf dem Fußboden steht ein geöffneter halb gefüllter oder halb geleerter Koffer. Draußen vor den staubigen Fenstern färbt sich ein blauer Berliner Sommerhimmel grün im Neonlicht. Obwohl er keine Zeit hat an diesem heißen Abend zwischen den Ländern, war er sofort einverstanden gewesen, ein Interview zu geben. Ein Geburtstagsheft für seinen Bruder, eine Geschichte über die Familie, die Brüder, sicher.
Er sieht aus wie Mitte dreißig und ist mit 55 Jahren der

Jüngste. Sein erster Satz besagt, dass er sich nie auf etwas habe festlegen wollen. Sein zweiter, dass er sich seit zehn Jahren als »Schriftsteller« oder »Schreiber« verstehe. Er lacht wie ein Schuljunge, der so tut, als wolle er brav antworten. Wenn Sie, sagt er dann unvermittelt, über unsere Familie schreiben wollen, müssen Sie über Martin schreiben.

Martin Enzensberger, Jahrgang 1936, ein bewunderter Typograph und Inhaber einer der modernsten Münchner Photosetzereien ist im Herbst 1986 nach mehreren Operationen an Lungenkrebs gestorben. Bis zu seinem Tod, sagt Ulrich, lebten wir in absoluter Unschuld. Es gab Katastrophen, aber die waren nicht endgültig. Er zieht ein Bild aus dem Gewirr einer tiefen Schublade, das einen ätherischen Knaben zeigt. Während er einem andern lässig Feuer gibt, sieht er unverwandt in die Kamera, mit einem herausfordernden und verlockenden Blick.

Martin sei der eigentliche Rebell der Familie gewesen, der Underdog. Schon äußerlich sah der zierliche Junge mit den rötlichen Haaren anders aus als seine Brüder. Als er erklärte, das Gymnasium verlassen zu wollen, war man verzweifelt. Bis man sich fasste und ihn beschied, er müsse dann die Suppe auch selber auslöffeln. Martin begann eine Setzerlehre und lebte eine Proletarierexistenz. Er liebte den Jazz und das Segeln, er trampte. Eine 50er-Jahre-Katastrophe sollte ihn prägen, sagt Ulrich. Aber das führe zu weit. Ich schüttle den Kopf.

Sein bester Freund hatte auf dem Segelschulschiff »Pamir« angeheuert; es war ausgemacht, dass Martin es ihm gleichtun würde. Als die »Pamir« 1955 unter einem neuen Kapitän nach Buenos Aires fuhr, wurde das Schiff falsch beladen. Am Jahrestag des Untergangs habe sich Martin regelmäßig betrunken. Für ihn müsse

das ein Lehre dafür gewesen sein, dass die Rebellion so unerbittlich bestraft wird. Und Sie?, frage ich.
Ulrich konnte sich sonderbar arrangieren. Schon als Gymnasiast, der Griechisch liebte, kam er in Nürnberg mit der verbotenen KPD in Kontakt. Nach ersten Studienversuchen im protestantischen Tübingen, wo Bloch das Prinzip Hoffnung buchstabierte und etwas linkische Demonstrationen gegen den Krieg in Vietnam durch die Gassen der Altstadt mäanderten, zog er im Frühjahr 1966 mit dem Zeitgeist aus der schwäbischen Provinz nach Berlin. Es dürfte zugleich ein Abschied vom Vater gewesen sein.
Er wird Gründungsmitglied der Kommune 1. Leise, die Sätze mit den Händen in der Luft wieder wegwischend, erinnert er an gewisse Auftritte, die an die Geschmacksgrenze gegangen seien. Ein existentielles Gefühl habe sie damals getragen, das sichere Empfinden, mit dieser Gesellschaft nicht mehr kompatibel zu sein. Eine Photographie aus der Schublade zeigt ihn langhaarig, strahlend mit geballter Faust vor dem Berliner Amtsgericht in Tiergarten. Man habe oft nicht gewusst, was wirklich sei: der Hörsaal oder die Vernehmungsakten. Es sei eine eigenartige Erfahrung gewesen, die Gesellschaft von hinten zu sehen. Dieser Doppelblick sollte ihn begleiten. Später wird Ulrich Enzensberger eine Reportage über Verbunkerungen in Naherholungsgebieten schreiben.
Damals habe er alles wollen: in der Fabrik arbeiten, Molotowcocktails werfen und mit Fürsorgezöglingen arbeiten. Er habe manches nur angeblättert. Früh habe er begonnen zu übersetzen. Er sei kein Politiker. Merkwürdige Seifenblasen, sagt er und leistet sich ein Staunen. Doch an der Angelegenheit bleibe etwas Ungeklärtes. Im langsam dunkelnden Zimmer wird sein weißes Baumwollhemd hell. Manches habe auf ihn wie

eine Schutzimpfung gewirkt. Und – er legt den Kopf wieder lachend schief, als picke er ein vergnügliches Wort – er habe immer Glück gehabt.

Ulrich weiß sich als das Ergebnis eines mütterlichen Wunsches, den er selbst als wahnsinnig bezeichnet. Mitten im Krieg habe die damals 39-jährige allein erziehende Mutter dreier Knaben sich noch ein viertes Kind gewünscht. Während der Vater in Nürnberg zerstörte Telephonnetze zusammenflickte, lebte die Restfamilie im 72 km entfernten Wassertrüdingen. Der Vater radelte am Wochenende hin. Dort, im Entengraben, wurde im Dezember 1944 Ulrich geboren. 1949 kehrte die Mutter mit den Kindern zum Vater zurück. Ulrich erinnert sich an eine Nürnberger Innenstadt der Ruinen, die mit einem Teppich von Weidenröschen überzogen waren.

Die Ehe seiner Eltern habe Hand und Fuß gehabt. Die beiden kannten sich bereits als Kinder. Sein Vater sei ein introvertierter Mann gewesen, der jung als verarmter Halbwaise mit äußerster Anstrengung ein Studium und eine Beamtenkarriere als Schwachstromingenieur bei der Post erreicht hatte. Er sei in der Familie sehr geachtet und, obwohl oft abwesend, sehr präsent gewesen. Wenn er nach Hause kam, bastelte er. Er besaß eine Sammlung von Anker-Baukästen, wie sie vor dem Ersten Weltkrieg für das gehobene Bürgertum aufgekommen waren. In rascher Folge entwarf er neue Gebäude: den Nürnberger Hauptbahnhof, die Lorenzkirche, ein imaginäres Schloss. Der Vater baute sie in gespenstischer Geschwindigkeit auf, hüfthoch und höher. Nach zwei Tagen waren sie wieder verschwunden und millimetergenau in Kästen verstaut. Ulrich erinnert seinen Vater als ein ewiges Kind, dem Weihnachten sehr wichtig gewesen sei. Über die Jahre ersann er eine Krippenlandschaft mit technischen Absonderlichkeiten und einer Schalttafel, mit der heute keiner mehr zurechtkommt. Es gab Raffinessen wie einen mechanischen Mond über dem Bahnhof Bethlehem und dann auch eigenartige Aufmerksamkeiten wie ein kleines Warnschild mit hebräischen Schriftzeichen vor einem winzigen vereisten See. Vor neun Jahren ist er gestorben. An Weihnachten, vielleicht weil da sowieso schon alle da waren.

Hans Magnus Enzensberger
München, Schwabing, Werneckstraße. Ja, Ulrich, sagt Magnus, der glaubte noch vor kurzem, dass das Leben vor ihm liege. Dieses ewige Gefühl der Vorläufigkeit. In den letzten Jahren zeigte er ja einen heimlichen Ansatz zum Erwachsenwerden. Es ist toll, dass er zwei Bücher für mich gemacht hat. Ich konnte ihn entwaffnen und habe sein Vertrauen gewonnen, sodass er mit mir nun gutmütig umgeht.
Der große Bruder prüft kurz einhaltend die Pointe und gießt aus einer blau gemusterten Kopenhagener Porzellankanne chinesischen Schwarztee in die blau gemusterten Tassen. Es gibt norwegische Zigaretten. Die Vorhänge mit dem Pfauenfedermuster in Originalgröße sind zurückgezogen, sodass ein kleiner Dachgartenstreifen sichtbar wird: Blüten, Gräser, Holzstühle.
Hans Magnus Enzensberger denkt an 1968. Natürlich gebe es eine Berechtigung für Schockparolen, manche Neuerungen bräuchten eine theatralische Behandlung, absolute, unsinnige Sprechblasen, damit eine Gesellschaft nachzudenken beginnt. Aber heute ist jede Hausfrau in Tuttlingen Nutznießerin einiger Verrückter von damals. Sein Hemd mit dem empfindlichen Rosaton von japanischem Seidenpapier kontrastiert angenehm mit dem Nachtblau der Bundfaltenhose. Ich

war 68 ja eher eine Kulissenfigur. Aber Grüne und Friedensbewegung, da machten wir alle nicht mehr mit, lila Tücher, Kirchentag und Mutlangen, all diese windelweichen Sachen, alles mehr aus Angst als aus sonst was. Hans Magnus Enzensberger schüttelt sich sanft und sieht über die Teetasse. Was sein Vater für ein Mann gewesen sei?
Ein zurückhaltender Mann, antwortet er, als setze er nun Bausteine übereinander, ein kluger Mann, ein etwas introvertierter Mann, der eine Familie ernähren musste und mit seinem Beruf vielleicht nicht ganz glücklich war. »Schwachstromingenieur?«, frage ich. Nein, sagt er, als habe ich einen Stilbruch begangen. Er arbeitete – so würde man heute sagen – in der Telekommunikation. Er habe in Oberbayern die erste Versuchsstation für automatische Telephonvermittlung entwickelt. Aber das habe ihn gelangweilt, er sei nicht ausgelastet gewesen. Als es nach dem Krieg keine Bücher gab, habe er einige aus dem Englischen übersetzt, abgetippt und sie der Mutter vorgelesen. Bei dem Ansinnen, es einem Verlag zu zeigen, habe er nur verächtlich geschnaubt. Er war nicht geschäftstüchtig, der Markt war ihm noch mehr verhasst als die Beamtenroutine.
Vielleicht wäre der Vater gern Architekt geworden; ihm habe er einen Kaufladen konstruiert, aus Holz, bespannt mit Rupfen. Und er baute ihn sofort um, als sein Sohn nicht Kaufmann spielen wollte: da wurde der Raum ein Büro mit Locher und Hefter, Schreibutensilien, Tuschen und einer kleinen Gummi-Druckerei. Auch in einer Familie, die nicht reich ist, können Kinder in liebevollem Überfluss groß werden. Die Familie habe einen lässigen Katholizismus gepflegt, die Mutter habe ein natürliches Verhältnis zur Religion gehabt. Auch Hans Magnus Enzensberger hat seine

beiden Töchter taufen lassen. In einer so strukturlosen Gesellschaft, sagt er, sind einige Riten nützlich, man beerdigt ja auch die Toten.

An den Wochenenden wurde streng gewandert. Zwanzig Kilometer, das war gar nichts. Man fuhr mit dem Zug. Der Vater kannte alle Fahrpläne auswendig, und er kannte ganz Franken zu Fuß. Er lief furchtbar schnell. Ich gehe halt richtig, habe er gesagt, dieses Trödeln, das mache doch keinen Sinn, das mache nur müde. Von seinen Reisen legte er Karteien an. Unter dem Stichwort Salzburg gab es vielleicht 30 Einträge, von wann bis wann er dort war, wie er hingekommen ist und so weiter. Es war ein manisches Sichvergewissern, der Versuch, alles festhalten zu wollen in einer tadellosen Tuschschrift. Er besaß eine Leica und hat sehr viel photographiert. In Kaufbeuren existieren schrankweise Photopapierschachteln, gefüllt mit Abzügen, jeder einzelne auf der Rückseite beschriftet: Motiv, Jahr, Kamera, Brennweite, Belichtungszeit und einige Siglen, die niemand mehr versteht.

Hans Magnus Enzensberger photographiert nicht. Er misstraut den Hundertstelsekundenlügen. Einem Kamerateam habe er ein Familien-Photoalbum gezeigt: er, das Baby auf dem Bärenfell, seine Mutter, die Frau in den chinesischen Kleidern. Die Kameraleute waren angetan. Am Ende habe er ihnen gesagt, dass das Album vom Berliner Flohmarkt sei. Alte Familienbilder sind alle gleich.

Als ich doch nach Photographien frage, zuckt er mit den Schultern, geht durch den Raum zu einem weißen Büroschrank und wirft einige Bündel und Schachteln kommentarlos auf das grüne Sofa vor der Bücherwand. Er würde die aber jetzt nicht mit mir anschauen. Er müsse rüber zu seinem Nachbarn.

Es ist ganz still. Ich setze mich auf den großen bunten

Teppich vor dem Sofa und breite aus: HME mit einem
Tisch voller Dinosaurier, Berlin 79; im Goethe-Institut
in Rom 1983; mit langen Haaren 1972 in Berlin; 1968 in
Rotterdam, im Streifenhemd mit Stirnfransen; ein Bild
der Tochter Tanaquil von 1965; Vater Enzensberger in
München 1986, im weißen Hemd mit Weste und einem
Kopf wie Martin Heidegger. HME in Uganda 1992, in
Istanbul 1983; seine erste Frau Dagrun in Tjøme 1970;
HME in Stockholm bei Nelly Sachs 1964. Seine russi-
sche Frau Mascha, sehr schön, Kuba, ohne Jahr; auf
einem Flughafen Tochter Tanaquil, die ihr Adoptiv-
kind aus Äthiopien empfängt. Gaston Salvatore und
Rudi Dutschke Schulter an Schulter 1968, Berlin. HME
im Radiostudio aus der »Titanic« lesend, Frankfurt
1980. Mutter Enzensberger, eine lange Virginia rauchend, mit dem Enkelkind Theresia. Neben dem Bil-
derbuch steht ein kleines Rotweinglas. Katharina,
seine dritte Frau, in der ersten Reihe auf einem Emp-
fang; HME im Heinemuseum in Düsseldorf 1998. Eine
eigene Schachtel enthält Photographien von Stephan
Moses. Er photographiert alle zwei, drei Jahre die Familie in Kaufbeuren im Garten vor dem Geräteschuppen. Am Anfang ist Martin noch dabei. Eine Ehefrau
taucht nicht mehr auf. Ein Enkelkind kommt dazu. Auf
manchen Photographien halten die Eltern Photographien der früheren Jahre lachend in der Hand. Sie
spielen das Bild im Bild im Bild. Bis einem schwindelt.
Im Sonnenlicht auf dem bunten Teppich liegen die
Photographien wie ausgestanzte schwarz-weiße Löcher der Erinnerung.

Christian Enzensberger
München, Schwabing, Tengstraße. Und zum Frühstück gibt's hier die Sonne, das mache ich jeden Tag

mit meiner glücklichen Rente. Der kleine Balkon der riesigen Altbauwohnung hängt hoch über einem grünen Hinterhof. In den Blumenkästen wächst Minze und Gras. Christian Enzensberger, Jahrgang 1931, ist nach Magnus der zweitälteste der Brüder. Beide wuchsen als ein Brüderpaar auf, bis 1936 Martin kam. Da hätten sie sich schon gefragt, was der denn noch hier wolle, es gäbe doch schon sie. Bei Uli 1944 war es dann egal.

Christian Enzensberger schenkt Weißwein in Wassergläser. Schmal und olivgrün in seinem alten Pulli und der unauffälligen Hose erinnert er an einen Jäger, der kurz von seinem Unterstand gekommen ist. Wie sein Bruder Magnus sieht er nicht aus wie der alte Mann, der er den Jahren nach ist. Eine trotzige Jugendlichkeit, eine zeitlose Schlacksigkeit wehrt sich gegen die Konvention des Kalenders. Der Grottenolm, wird er später sagen, verbleibt sein Leben lang im Larvenzustand, er zeugt auch als Larve, er bringt es nie mehr zu einem erwachsenen Tier. In den modernen Zeiten würden die Menschen immer jünger werden und das nachahmen. Er lacht fast schluchzend in die beginnende Dämmerung hinein.

Der Magnus, sagt Christian, kam auf die Welt und war ziemlich von Anfang an der Sternenbub, der in seinem Vater einen großen Bewunderer hatte. Ein Horoskop, das der Vater erstellen lies, besagte, dass das Kind ein berühmter Dichter werden würde, reich und mit Hausbesitz. Bei mir, sagt Christian, hat man dann kein Horoskop mehr bestellt. Er habe zum Geburtstag auch einen Text schreiben wollen mit dem Titel »Magnus oder was will man mehr«, und er habe darin ausführen wollen, dass Magnus ein Dichter sei, der alles das nicht sei, was ein Dichter sonst zu sein habe: verschroben, neurotisch, weltverachtend, überheblich, bettelarm, verkannt, impotent. Aber dann sei ihm das doch lahm vorgekommen und er habe den Artikel sein lassen. Der Vater habe Magnus von Anfang an gefördert und ihm sein Lebensprogramm eingeimpft: »Du musst gescheit werden, sonst gehst du unter.« Und daran habe der sich offensichtlich bis heute gehalten. Wenn man mit ihm in einer Runde sitze, kämpfe er erbarmungslos und manchmal auch bösartig so lange, bis klar sei, dass er der Gescheiteste ist. Er habe ja auch eine strahlende Intelligenz. Schon als Bub hat er mir früh erklärt: die Schule ist das Einfachste von der Welt, du musst nur immer die Lesebücher vom nächsten Schuljahr lesen. Später, so mit 12, besaß er ein dickes kariertes Heft, in das er hineinschrieb, was ihm interessant schien. Einmal sah ich, dass er etwa 40 oder 50 Salpetersäuren oder salpetrige Säuren notiert hatte. Willst du das alles lernen?, fragte ich. Nein, sagte er, aber es interessiert mich, es ist so ein wunderbares Spiel der Natur, der Kombinatorik.

Für die ganze Familie sei Magnus ein Finder und Bereiter von Wegen gewesen. Es gab in dieser Beamtenfamilie eigentlich nicht den Sinn für das Dichten, dieses Spielerische und Ästhetische. Nur Großvater Ledermann, ein Lehrer und Ahnenforscher, schrieb Heimatdichtungen wie »Füssen, du bist die Königin« oder »Das Juwel von Bagdad« und ging stolz davon aus, dass der Magnus sein Talent von ihm geerbt habe. Christian weiß, dass ich mir Geschichten wünsche, und lächelnd erzählt er sie.

Während des Kriegs gab es ein verpflichtetes Dienstmädchen Marion, Magnus habe es gepeinigt. In einem künstlichen Stechschritt ging er hinter ihr her und sagte nur immer wieder im Stakkato: Zigarre Traktor Traktor Zigarre. Verwünschung? Spott? Niemand wusste, was er wollte, und das Dienstmädchen geriet

dabei völlig in Panik. Magnus war selbst von seiner Wirkung überrascht und trieb es weiter, bis die Mutter endlich sagte: Hör doch auf! Was er tat, bis zum nächsten Mal. Man habe sich mit Magnus damals oft schämen müssen, er war oft unerklärlich.
Wassertrüdingen habe Magnus nicht akzeptiert. Er habe den Ort der Evakuierung gehasst als ein scheußliches, heruntergekommenes Kaff. Angesichts eines ganz normalen Bauern, der mit seinem Ochsenkarren vorbeikam, konnte er sich aufstellen und vom Gehsteig laut krähen wie ein Gockelhahn: Natüür! Natüür! Er war überheblich und für Dorfverhältnisse ziemlich affig angezogen. Die Mutter musste ihm provisorisch aus Uniformstoff nähen, was er wollte. In der Schule galt er als Primus, der schnell protestierte, als Partisan und Schlaumeier. Man nannte ihn Tito.
Wir waren ekelerregende Kinder. Unsere Eltern waren rührend fortschrittlich. Vater hatte Freud gelesen und der Mutter gesagt, die Kinder sollten einmal keine Komplexe bekommen. Die Mutter fragte, was das sind, »Komplexe«, und der Vater hat es ihr erklärt. Nun haben sich die Eltern beiläufig nackt gezeigt, der Vater hatte gesagt, das muss man machen, dann gewinnen sie ein natürliches Verhältnis zu ihrem Körper. Und Magnus und ich, wir scheußlichen Zwerge, saßen in der Ecke und haben von unten raufgeschaut. Und Magnus sagte nur kühl: Wenn sie sich doch genieren, warum machen sie es dann?
Und dann lag Martin in seiner himmelblauen Wiege, ganz friedlich. Also haben wir ihn gezwickt, bis er schrie und wir ganz harmlos die Mutter fragen konnten: Das Kleine schreit, was hat es nur schon wieder? Martin habe sich früh heldenhaft aus dem Clan hinausdefiniert. Die Zeit der Evakuierung war die Zeit seiner Adoleszenz, eine vaterlose Zeit. Er streunte und lebte

in Banden. Im Zweifelsfall habe die Mutter aber immer zu ihrem Kind gehalten, wenn es sein musste auch gegen den Vater. Sie habe kategorisch den Zeigefinger gehoben und gesagt: Sag ma nix gege die Bube! 1946 sei es im Verhältnis von Magnus und ihm zu einer Volte gekommen. Ich bin zur Besatzungsmacht, zu den Engländern, und habe gefragt: Do you want a kitchenboy? Sie bezahlten in Naturalien. Damit avancierte ich schlagartig zum Ernährer der Familie. Ich brachte Pfirsiche und Dosenmilch nach Hause, Gulasch, Schokolade und Kaffee, Zigaretten. Auf einmal hatte ich eine wichtige Familienposition und drohte Magnus zu überflügeln. Daraufhin ging der zum Rathaus und erklärte: ich kann Englisch, ich kann übersetzen. Im Rathauskeller fand er Kisten mit Ehrendolchen und Hakenkreuzbinden; sofort machte Magnus einen Souvenirhandel mit der Besatzungsmacht auf. Das Geschäft ging gut, aber nicht so gut wie meines.
Eine Schlüsselszene sei das Rätsel um den Beruf des Vaters gewesen. Auf die Kinderfrage: Was ist euer Vater?, hätten die Brüder geantwortet: Postrat, damit habe man angeben können, das war ein Beamter. Auf dem Gymnasium erhielt die Frage einen dringlichen Zusatz: Aber was macht er? Und die Buben wussten es nicht. Als sie den Vater fragten, sei von ihm eine Wortwolke ausgegangen, Diplomingenieur, Niedrigfrequenztechniker, Drehhebewähler, Impulsgeber. Es sei aber nicht klar geworden, was er arbeitet. Magnus habe daraufhin gesagt: Der redet nur, da ist was, ich kriege das raus! Sie seien dann in sein Büro gelaufen, neben dem Bahnhof, und mit dem Paternoster in den 7. Stock gefahren. Grüß Gott, Vater, haben wir gesagt. Das Büro war leer, die Schreibtischunterlage sauber, die Kreuzworträtsel ausgefüllt. Das Telephon stumm, die Fliegen summten. Es war unerklärlich. Wir haben

uns ergebnislos davongeschlichen. Magnus habe immer noch geglaubt, es ergebe sich ein Fingerzeig, der verrät, was er macht. Ein halbes Jahr später kam Magnus an und sagte: Ich weiß es. Er macht nichts. Der Vater habe einen unglaublichen Job gehabt. Er sei zuständig gewesen für die Telephonverstärkerämter im Bezirk Mittelfranken. Aber so viele Telephonverstärkerämter gibt es in Mittelfranken nicht. Dreimal im Jahr vielleicht musste eines erneuert werden, oder es wurde eine dieser kleinen Buden mit Transformatoren, die Impulse verstärkten, neu gebaut. Dann wurden dem Vater Mappen vorgelegt mit Entwürfen von technischen Firmen, Architekten, Preisvorstellungen von Grundstücksbesitzern. Er hat die Mappen durchgeblättert und bei der Konferenz vorgetragen. Er wurde mit Auto und Chauffeur zur Eröffnung gefahren und musste eine Rede mit »möge« halten. Das hat er gehasst.
Magnus habe gesagt: Also für mich wäre das nichts. Er hingegen habe gesagt: Wieso nicht? Du wirst vom Staat genommen und machst deine eigenen Sachen. Und so sei es auch gekommen. An der Uni habe er gewittert: Das ist es. Er habe promoviert und sei Anglistikprofessor geworden. Gremien habe er gemieden wie die Pest.
Aber er hat seine Bücher geschrieben, den »Größeren Versuch über den Schmutz«, die marxistische Ästhetik »Literatur und Interesse«, die menschheitsgeschichtlich angelegte Autobiographie »Was ist Was«. Christian Enzensberger gilt als einer der besten und interessantesten zeitgenössischen Übersetzer aus dem Englischen. Er sei oft mit Recht neidisch gewesen auf den größeren Bruder, dem die Göttin Fortuna so viel mehr zugeneigt war als ihm. Aber Magnus und ich, wir waren nie richtig auseinander. Seit Magnus gewusst

habe, dass er es geschafft hat, seien sie sich auf eine schöne Weise näher gekommen.

Christian Enzensberger lebt in der wahrscheinlich ältesten Wohngemeinschaft von München, Besetzung schwankend, zur Zeit mit einem Koch und dessen ehemaliger Gemahlin, die sich jetzt eher Frauen zuwendet und im Pompon Rouge tanzt. Jeden Nachmittag fährt Christian Enzensberger mit dem Auto aus München hinaus. Er geht zu seinen sieben Wegen, zwischen 800 Metern und einem Kilometer lang. Jeden Tag geht er einen von ihnen ab, sehr langsam, für ungefähr vier Stunden. Er beobachtet die Steine, die Rinden, die Blumen. Es ist ihm widerfahren, dass sie mit ihm sprechen. Am Anfang habe er an Täuschungen geglaubt, aber mittlerweile unterhalten sie sich gut. Am Abend zu Hause schreibt er die Gespräche wörtlich auf. Er arbeitet an einer Naturästhetik. Am Morgen ordnet er die Eintragungen in eine Systematik, sodass er das in der Natur Gelernte wieder finden kann. Seine Stichpunkte sind etwa: Luft, Spiegelbild, das Vergangene, Wasser. Er kann mit Magnus, der ein guter Zuhörer ist, über diese Erfahrungen sprechen. Naturgemäß interessiere der sich für die Schönheit.

An Christians rechter Seite geht Jakob, sein verstorbener Freund. Er pflegt mit ihm einen fragenden, liebenden, einen alltäglichen Umgang. Er ist so etwas wie sein Engel. Was ist denn nach dem Tod? Was passiert mit einer Geschichte, wenn sie zu Ende erzählt ist? Sie ist dann ja nicht nicht-existent. Sie ist doch nur vom Jetztstand der Zeit abgelöst.

Lori Enzensberger
Kaufbeuren, Weierweg. Ja, sie habe es schön, sagt sie, und sie sei dankbar dafür. Die winzige Frau im kornblumenblauen Schürzenkleid sitzt im Sonnenlicht des Wintergartens. Schwägerin Hannelore, auch in einem blauen Kleid, fragt, ob ich zum Mittagessen bleiben mag. Vor zwei Jahren ist die 74-jährige Witwe Hannelore Ledermann zur Schwester ihres Mannes, der 94-jährigen Lori Enzensberger, gezogen. Es war Ulis Idee gewesen, der eine Alltagslösung für die Mutter suchte. Nach der Pensionierung von Andreas Enzensberger war das alte Paar von Nürnberg nach Kaufbeuren in das Haus von Loris Familie gezogen. Hier in Kaufbeuren sei schon der Mang zur Welt gekommen. Als sie im November 1929 ihr erstes Kind gebären sollte, hat ihr Mann sie aufs Land geschickt. Das kleine Zimmer bei der Post in Nürnberg wäre zu klein gewesen für eine Familie. Ihr Sohn Christian sei an Weihnachten 1931 dann in Nürnberg geboren worden, Martin 1936 auch. Die Familie hatte nun eine größere Wohnung. Nur Ulis Geburtsort, sie lächelt, ist Wassertrüdingen. Sie sei sehr stolz auf ihre Buben, das könne sie nicht verhehlen. Sie hätte sich ein Leben ohne Kinder nicht vorstellen können, so ein Leben würde sie nicht gefreut haben. Sie spielt mit ihrem langen, im Nacken zusammengefassten Haar. Auf manche Fragen sagt sie, das wisse sie nicht mehr. Wenn sie Ja sagt, tut sie es mit einem Seufzer der Erleichterung, als sei es eine kleine Seligkeit, sich zu erinnern und die Bestätigung noch einmal zu leisten. Ihre Buben besuchten sie fleißig. Janni einmal im Monat, Mang käme sporadisch, und Uli sei oft da. Ich habe, sagt sie, und lacht wie ein Mädchen, immer Glück gehabt. Und jetzt habe sie Hannelore und den Hund. Auch den Hund, ein kleines dunkles Mischlingsweibchen von einer Gesellschaft

»Tiere in Not«, hat Uli organisiert. Moro bellt freudig. Zu Mittag sitzt er zwischen Hannelore und Lori, die ihm von einem Untertellerchen kleine Rinderherzwürfel einzeln reichen. Denn obwohl er sein Hundeessen am Abend bekommt, soll er zu Mittag nicht nur zuschauen müssen. Danach machen Moro und Lori im großen Ehebett Siesta.
Sie leben in einer leisen Idylle. Die Häuserfront überzieht eine Glyzinie, in der Drosseln brüten, im Garten wachsen Goldlack und Steinquendel, Rosen und Sonnenblumen, Klatschmohn, Clematis und Vergissmeinnicht, Silberlinge und Malve. Ein alter Holunderbusch neben dem Geräteschuppen zeigt eine unerklärliche Krone weißgelber Blüten, obwohl sein Stamm ganz hohl ist. Den Apfelbaum habe der Mang, sagt Hannelore, der Lori einmal geschenkt. Wenn seine Tochter Tanaquil, die Biologin, aus Norwegen kommt, schneide sie ihn regelmäßig. In der Eberesche hängt ein Nistkäfig für Meisen, im Gras steht das Tonoval eines Vogelbads.
Ihr Mann habe sich weniger um die Erziehung der Kinder gekümmert. Da sei sie verantwortlich und das nehme sie alles auf sich. Sie gluckst, als habe sie der Welt einen Streich gespielt. Sie, Lori, sei das dritte Kind gewesen unter fünf Brüdern. Vielleicht sei sie deshalb auch eine gute Bubenmutter geworden. Geheiratet haben sie heimlich, in Berlin, mit Trauzeugen von der Straße. Ihr Mann habe kein Aufsehen machen wollen. Auch Mang habe es dann ja so gehalten. Neben Photos mit Mang und Janni auf einem Feldweg, in kurzen Lederhosen, barfuß und weißen Hemden, verwahrt sie noch ein Telegramm der Deutschen Bundespost aus Stuttgart: »Haben soeben den gesetzlich geschützten Bund fürs Leben geschlossen und bitten in kindlicher Demut um nachträglichen Consens. Treu angehörig

Mang und Dagrun, 5. 7. 56, 19 Uhr 26«. Das war im Jahr der »Verteidigung der Wölfe«.
In Kaufbeuren gibt es unter hohen alten Bäumen das alte Grab von Onkel Georg Ledermann und seiner Frau Karoline. Nach dem Tod von Martin wurde es neu gestaltet. Ganz oben auf dem großen rötlichen Marmorstein steht der Name »Enzensberger«, darunter sind eingraviert »Martin 1936–1986« und »Andreas 1902–1990«. Darunter ist Platz. An der Seite steht eine lebensgroße Jugendstilfigur. Eine sehr schöne Figur, hatte Christian gesagt, ein guter Hirte, ein etwas hippimäßiger Jesus. Mit einem Hut und einem schützenden Umhang und einem Schaf in der Armbeuge, in der andern Hand einen Stab und ein Schaf am Boden, das zu ihm hinaufschaut. Der gute Hirte hat ein mildes Gesicht, wie aus alten Bilderbüchern für brave Kinder. Die Sandsteinfigur ist leicht verwittert und ein wenig bemoost. Sie changiert in Rosa, Grün und Grau. Das Grab ist mit Efeu überwachsen. Hier hat Hans Magnus Enzensberger die Grabrede für seinen Vater gehalten. Eine sehr bewegende Rede, hat Christian gesagt. Christian weiß, dass auch er hier begraben werden wird, und die andern Brüder doch auch, sagt er.

IV.

Die fremden Köpfe der Bali Aga

Raja Bedaulu, der letzte eingeborene Herrscher Balis, ein König und Heiliger, konnte bei Yogaübungen seinen Kopf vom Körper lösen und ihn in den Himmel aufsteigen lassen, wo er mit den Ahnen sprach. Als das königliche Haupt einmal zu lange ausblieb, setzte ein voreiliger Diener einen Tierkopf an die Leerstelle, weil er glaubte, so den Herrscher retten zu müssen. Fortan lebte also der edle König mit einem fremden Kopf. Die Bali Aga, die Bali der Berge, die Ureinwohner der Insel, reflektieren mit diesem Ursprungsmythos ihre historische Identität. Denn mit der Fremdherrschaft des mächtigen Hindu-Königreiches Majapahit kamen im 14. Jahrhundert von der Nachbarinsel Java verfeinerte barocke Künste und bislang unbekannte religiöse Hierarchien nach Bali, die die unmittelbare Autorität der eingeborenen Könige verdrängten. Der Mythos hält eine altbalinesische Strategie des Überlebens fest: das aufgesetzte Fremde nach außen hin zu integrieren, mit dem Kopf aber bei den Ahnen zu bleiben.

Einladend nicken die Bali Aga den Reisenden zu; mit einem Flugzeug werden auch sie wieder aufsteigen in einen Himmel über Bali, aus dem immer wieder andere herunterkommen.

»Buona sera, come stai? Bitte einzutreten, welcome, bienvenue Mesdames et Messieurs.« I Nyoman Suarno weist gut gelaunt zu den von Baumkronen überschatteten Tischen, wo Colabüchsen und reife Bananen tropische Erfrischung signalisieren. Hängende Tücher bilden wie Paravents die Kulisse der Einkehr vor seinem Anwesen, das die Metamorphose des Privaten

zur Arena des Verkaufs vollzogen hat. Denn in den offenen Bambuspavillons seines Hofbereichs geht es weiter: Flechtwerk, Holzschnitzereien, Palmblattbücher. Erst mögen die Fremden essen, und dann werden auch sie ein nahtloses Wickeltuch aussuchen und den dazugehörenden Zeremonialgürtel für die touristischen Tempelbesuche. Er lässt auffahren: Gemüse aus Wasserspinat und Sojasprossen mit Erdnüssen, Spiegeleier und selbst gemachte scharfe Soße. In einer silbernen Schale reicht er Krabbenchips wie Blüten.
Durch den Dorfeingang von Tenganan, einem in allen Reiseführern erwähnten prominenten Bali-Aga-Dorf, treten vom Parkplatz her weißbeinige Menschen in Unisex-Shorts, mit Mineralwasserplastikflaschen im Arm, und kreuzen eine Gruppe von Tengananerinnen im Tuchkokon, die hintereinander schreitend bunte Plastikschüsseln voll schwarzer Erde auf dem Kopf balancieren. »Für uns hat sich nicht viel geändert«, sagt I Nyoman Suarno so, als wollten die Fremden genau das hören, »unsere Gesellschaft ist in Ordnung.« Außerdem wäre auch ohne den Tourismus einiges anders geworden. Im Dorf gibt es eine staatliche Volksschule, in der schon die Kleinsten die indonesische Variante eines monotheistischen Hinduismus lernten. Die rituelle Ausbildung durch Initiierte im Dorf hat zudem eine unermüdliche Konkurrenz im allgegenwärtigen Fernsehgerät.
In den ethnologischen Museen der Welt hat Tenganan eine gewisse Berühmtheit erlangt durch Tücher, die hier in oft jahrelanger Arbeit in der sogenannten Doppel-Ikat-Technik hergestellt werden. Dabei werden sowohl Kett- als auch Schussfäden in einem Abbindeverfahren zu Streifen eingefärbt. Das eigentliche Muster ergibt sich erst, wenn sich – und das bedarf komplizierter Vorbereitung und Berechnung – beim Weben die

richtigen Fäden an der richtigen Stelle kreuzen. Als die Touristen begannen, vermehrt Interesse an den Tüchern zu zeigen, gab es im Dorf selbst nur noch wenige alte Frauen, die sich auf die Technik verstanden. Man wandte sich an den Basler Ethnologen Urs Ramseyer, der in den frühen 70er-Jahren die Muster der Tücher genau erforscht und ihre Herstellung wiederholt gefilmt hatte. So kam das Wissen vom Ursprung über die Schweiz nach Bali zurück.

Nori ist stolz. In diesen Tagen wird sie ein Auftragswerk für einen Reisenden beenden, dem ihre rare Kunst 6 Millionen Rupias wert ist, das sind etwas über 4000 Mark, für ein paar hundert Gramm Stoff. Ihre Tücher sind schön, und wenn sie die Balinesen vor Dämonen schützen, helfen sie vielleicht auch gegen die Migränen der Moderne. Nori taucht ab zwischen aufgehängten, in Streifen gefärbten Garnschleifen, steigt hinter Töpfe, wo abgebundene Garne für die rituelle Zeit von 42 Tagen ruhen, macht sich an einem Schloss zu schaffen und kommt mit einem Zeitungspapierpäckchen zurück, das sie nun auswickelt, als brächte sie einen Fisch. Es ist ein gewebter Sternenhimmel. Das Blau kommt von Indigopflanzen, die Rottöne ergibt der Sud einer tropischen Rinde. In ihrer Familie werde seit jeher gewebt, sagt sie, und schaut auf die Frage nach ihrem Alter nachdenklich zurück. Bis sie erleichtert strahlt, denn etwas ist ihr eingefallen: 1942 sei sie schon in der Schule gewesen! 1942? Es war das Jahr der japanischen Invasion.

»Wir haben uns gegen Einflüsse von außen gewehrt«, sagt Sadra. Der ehemalige Bürgermeister von Tenganan hat es nicht zugelassen, dass die Regierung aus Jakarta vor dem Dorf Eintrittskarten verkaufen wollte. Sie seien doch kein Zoo. Heute werden Besucher zu einer Spende aufgefordert. Ein Kompromiss. In dem

Besuchspavillon seines Hofes provozieren hölzerne Windspiele aus Bambus und Kokosnussschalen leise Töne. Im Grün gegenüber liegt das Doppelhaus, dessen Ostseite der dreimonatigen Klausur für Mütter und Neugeborene dient, dessen Westseite aber den Sterbenden vorbehalten ist. Sadra arbeitet heute als Akupunkteur. Und er bereitet seine 10-jährige Tochter darauf vor, in Indien zu studieren. Sie wird weggehen müssen, um zu ihren Wurzeln zu finden. Seit er von Blutuntersuchungen europäischer Wissenschaftler gehört hat, die den Ursprung der Tengananer in Südindien ausmachten, sehe er sich als einen anderen. »Unsere Traditionen werden schwerlich zu retten sein«, sagt er. Die Jungen machten kaum mehr mit und wenn, hätten sie keine Ahnung, was die Riten bedeuten. Er begleitet uns zurück. Es ist Abend, die Verkaufsstände sind eingeklappt. Surreal hängen noch Schilder im Hibiskusbaum: »Traditional Weaving«, »Acrylic painting«. Vor einem blauen Fahrrad, das mit einem Kochtopf und zwei Chilisaucenflaschen die Funktionen eines fahrenden Restaurants übernommen hat, geht eine kindliche Mutter mit einem Teller im Kreis herum und schiebt wie ein fütternder Nestvogel in die wechselnden Münder den Löffel hinein. Auf den Steinstufen für die Ahnen vor den Häusern hecheln Hunde die kühle Luft ein. Am Brunnen drückt ein spinnenbeiniger, nur mit einem Tuch bekleideter Mann auf den Wasserhahn und dirigiert den Strahl auf ein borstiges Schwein. Der Deckeber des Dorfes wird geduscht. Genüsslich legt er den Kopf ab, seine Stirn liegt gewichtig in Falten. Danach wäscht sich sein Begleiter die Füße und nimmt das Tier am Strick davon.

Reiseführer warnen vor Trunyan, dem zweiten prominenten Bali-Aga-Dorf im Norden. Es liegt im Innern eines alten Vulkankraters, der sich an seiner Ostseite mit Wasser gefüllt hat, und ist nur mit dem Boot zu erreichen. Der Dieselmotor stinkt tuckernd über den Batur-See. Vorne sitzt ein Fremdenführer, hinten schöpft ein Mann unermüdlich Wasser. Der See ist schön wie gesprungene Jade. Obwohl es heller Mittag ist, liegt Trunyan im Schatten, denn immer bleiben über ihm einige Wolken am Kraterrand hängen. Als wir ankommen, stößt eine Frau mit einem Baby ihren Einbaum ab, und eine thailändische Reisegruppe unter weißen Strohhüten besteigt zwitschernd ein Boot zurück. Grazile Kinder baden gelassen in ihren Tüchern und Kleidern am Kai. Junge Männer stehen auf und folgen uns und flüstern »Money for more information«. Auf dem Tempelvorplatz steht ein enormer vielstämmiger Waringinbaum, der seine Zweige über das gesamte heilige Areal ausbreitet. Es wäre denkbar, dass er auch westliche Besucher zur Andacht zwingt. Die grauen Schreine sind feucht und mit einem phosphoreszierenden Moos überzogen. Die Männer drängen fort, ihre Attraktion komme erst. Das Boot fährt einige Buchten weiter, an der Kraterfelswand klettern schwarze Zicklein, und der Lions Club grüßt mit einem Schild die Besucher des Friedhofs von Trunyan; daneben erklärt die Regierung den Ort zur staatlichen Sehenswürdigkeit. Hier darf den Reisenden zuliebe der alte balinesische Totenkult praktiziert werden, der anderswo offiziell verboten ist: das Auslegen der Verstorbenen unter offenem Himmel. Ein Spalier von auf Bananenblättern drapierten Reisspeisen führt zu den Resten alter Opfergaben: Halden zerknickten Strohs, chinesische Lochmünzen, Zigaretten, Spiegelscherben, Blüten. Daneben sind unter gegeneinander gestellten Bambushölzern wie in Museumsvitrinen Schädel, Knochen, Stofffetzen und Knöpfe ausgestellt. Eine

Steinterrasse präsentiert Schädel und Knochen in Reih und Glied. Hinten im Gebüsch aber zeugen neue, hoch drapierte weiße Tücher und gelbe Schirmchen von einem auserwählten Mitglied des Trunyaner Ältestenrats, der etwas abseits hier verwest. Einer der Männer hält einen Totenkopf hoch und lädt zu einem Photo ein. Ein anderer wiederholt das »Money for more information«. Die Szene ist durchaus unverständlich. Als wir Trunyan verlassen, sitzen junge Männer im Schneidersitz am Kai, schauen uns nach und behalten ihr Geheimnis für sich.

Im offenen Pavillon auf dem Tempelvorplatz, gut 1600 Meter oberhalb der Küsten Balis, wartet der Ältestenrat von Sukawana und kaut. Die Männer mit den schmalen Vogelgesichtern sehen sich an und reichen das Tablett mit den Zutaten für die Betelwickel weiter. Sie haben Zeit; eine andere Zeit.
In den rund 60 Bali-Aga-Dörfern gilt ein eigener, nach dem Stand der Sterne jeweils neu anzupassender Mondkalender. Und heute ist Vollmond. Hier oben, im Bereich zwischen den jadegrünen Vulkanseen, liegt die Herzregion der Bali Aga. Für Ethnologen sind sie letzte Ureinwohner, die sich Fragmente einer altbalinesischen Ahnenkultur bewahren konnten. Im alten Reich der Väter gibt es keine Kasten. Also auch keine Brahmanenpriester. Wenn die vergöttlichten Könige geneigt sind zu erscheinen, empfangen die Ältesten persönlich.
Das Malmen färbt Lippen und Zähne rot. Mitunter reicht einer zur Betelnuss den Mörser. Doch die 23 Ritualführer von Sukawana brauchen keine Kauhilfe. Unter ihren weißen Turbanen schieben die Männer langsam einen zähen roten Brei zwischen die Unterlippe und die unteren Vorderzähne, als präsentierten sie

ein zusätzliches Organ. Alle diese Ältesten haben eine Frau, aber noch ledige Kinder. An dem Tag, da ihr letztes Kind heiratet, werden sie den Rat verlassen. So hat zwar jeder Mann die Möglichkeit, eine Spanne seines Lebens der rituellen und politischen Dorfelite anzugehören, aber nur wer kinderlos lebt, kann im Rat alt werden. Es sei denn, seine Frau stirbt. Ohne Frau gilt ein Bali-Aga-Mann als ungeschützt und in zeremoniellen Dingen nicht als vollwertig. Denn nur die Frauen kennen die Riten und Rhythmen bei der Zubereitung komplizierter Opferspeisen: Das ist zu bedenken, wenn es Götter sind, die essen sollen.

Das Mittagslicht steigt und schwärzt die Männer im Schatten des Bambusdaches. In ihren Hüfttüchern hockend, mit roten Mündern, lehnen sie aneinander wie geschminkte Indianerinnen. Ab und an werfen sie unvermittelt den Kopf zur Seite und entlassen ein scharfes Spucken. Um den Pavillon sammeln sich rote Pfützchen. Bis sie endlich auf ein geheimes Zeichen hin aufstehen wie ein Körper und schnell mit durchgestreckten Rücken hintereinander in zwei parallelen Reihen in einem Langhaus Platz nehmen. In der einen Reihe sitzen die ursprünglichsten Eingeborenen, in der gegenüberliegenden Reihe die, deren Ahnen, wie es die Ursprungsmythen erzählen, etwas später in die Gemeinschaft gekommen waren. Heute, am Vollmondtag, werden sie nicht über Fragen der Dorfgemeinschaft beraten oder etwas entscheiden; das ist dem Neumondtag vorbehalten. Heute versammeln sie sich, um mit den Königen eine Kommunion zu begehen, was ihre Dorfkommune wiederum befestigt. Die zwei Ältesten am Kopfende ihrer Reihe starren hinunter Richtung Meer, die anderen hinauf Richtung Berg: in das Gesicht des Ältesten. Unter dem Langhaus der Väter hocken dienende Knaben am Boden. In der Höhe hebt einer die Hände zu Gebetsformeln. Alle andern verharren still. Bis sich nach dem richtigen Wort die Atmosphäre lockert, die Knaben mit einem Kanister die Reihen abschreiten, die Ratsmänner Palmwein aus gefalteten Bananenblättern trinken und dann die grünen Trinkschalen mit heftiger Geste von sich werfen. Nach einem zweiten Gebet greifen die Ritualführer nach gepressten Reisstücken und besteigen nun auch ein zweites, parallel stehendes Langhaus wie ein Kanu, wo sich die Zeremonie mit Reis und Wein völlig identisch wiederholt. Worauf die Männer sich zunicken und nach Hause gehen.

Das Dorf Sukawana ist, in aller Bescheidenheit, nicht irgendein Dorf. Ihm allein gebührt die rituelle Oberhoheit über den bis auf 1745 Meter ansteigenden höchsten Tempel Balis. Jährlich kommen 30 000 bis 40 000 Pilger von der ganzen Insel in dieses Erzheiligtum der Bali Aga auf dem Penulisan-Berg. Die Bali Aga müssen ihre Könige mit verschiedensten Gruppen teilen, die hier, von welchen Sehnsüchten auch immer geleitet, den Hort der alten Tradition wittern. Das macht Pak Kaler stolz; und es macht ihm Sorgen. Der ehemalige Dorfchef von Sukawana, der mit 66 Jahren in den hohen Rang eines Tempelvorsitzenden aufgestiegen ist, ist zugleich Besitzer einer großen Geflügelfarm und hätte nach der Vollmond-Zeremonie auch anderes zu tun. Aber ein staatliches Fernsehteam hat sich angekündigt. Der Penulisan-Tempel verwahrt die ältesten Stein-Idole und Reliquien der eingeborenen Könige. Sie sind grau, sie sind karg, sie kennen noch nicht die Vielfalt der Fratzen. Ihr Blick kommt blind aus der Frühzeit der Väter. Nun möchten smarte Herren in hellblauen Hemden und dunkelblauen Hosen, mit Kabeln und Leuchten, einen balinesischen Kulturfilm

drehen, was für Pak Kaler nicht unbedingt etwas Gutes bedeutet. Er wird also ein Interview geben. Er wird von den fast 1000 Jahre alten versteckten Bronzeplatten sprechen, heilige Erlasse, mit Sanskritbuchstaben auf Altbalinesisch eingraviert. Es sind die ältesten Schriftstücke, die es auf Bali überhaupt gibt.
Soll er für das Fernsehen von den reinsten der reinen Knaben erzählen, den besonders ausgebildeten und initiierten »Blütenpriestern«, die allein diese Vermächtnisse aus den modernen Metallsafes herausnehmen dürfen? Soll er erzählen, wie sie die wundertätige Flüssigkeit herstellen, indem sie die Königsplatten mit Öl und Parfüm und Wasser waschen, bis die ablaufende Essenz aufgefangen und, stark verdünnt, als heiliges Wasser für vielfältigste Rituale dienen kann? Soll er überhaupt etwas sagen? Die Regierung bietet Penulisan immer mehr als Touristenattraktion an und unternimmt nichts zur Erhaltung des Tempels. Was das für Sukawana heißt, ist in Jakarta nicht klar. Bei dem riesigen, sich über mehrere Terrassen erstreckenden Gelände, das täglich von nicht- oder zumindest andersgläubigen Fremden besucht wird, bedeutet das Arbeit, Sonderschichten für profane und kultische Säuberungen. Es ist eben nicht immer unproblematisch, wenn auch südbalinesische Hinduisten die alte Macht der vergöttlichten Urahnen und Fruchtbarkeitsgötter schätzen. Mit Grausen erinnert sich Pak Kaler an eine Gesandtschaft von Brahmanen, die auf den Stufen von Penulisan ein ausgeblutetes Schwein darbrachten. Ein Skandal. Aber wie sollten die hinduistischen Priester aus dem Süden auch wissen, dass die Götter der Gipfel dieses Tier nicht akzeptieren, zumindest nicht in Penulisan. Also mussten die Sukawaner während dreiwöchiger aufwendigster Zeremonien den Tempel eben wieder reinigen. Gut, zugegeben, die

Sukawaner kennen grausame Blutrituale, sie massakrieren absichtsvoll in unwegsamem Gelände Kühe, um die schlecht kontrollierbaren Dämonen zu bannen. Für die vergöttlichten Könige aber zelebrieren sie auf den grauen Steinen von Penulisan ästhetisch ausgefeilte Büffelopfer. Mit millimetergenau vorgeschriebenen Schnitten tranchieren sie das Opfertier, als interpretierten sie einen heiligen Text. Und nun das Fernsehen. Pak Kaler nimmt ein Stück Betelnussschale und putzt sich damit die roten Zähne. Er wird genau überlegen müssen, was er sagt.
Manchmal muss sich Dr. Gigi fragen, ob er ein guter Tourist sei oder ein schlechter Pilger. Immer am Vollmondtag steigt der Zahnarzt aus Denpasar mit seiner javanesischen Gattin und der mittlerweile halbwüchsigen Tochter die hohen und nochmals hohen und dann die letzten hohen Steinstufen bis zur heiligsten Tempelterrasse von Penulisan hinauf. Dort rollt seine zierliche weiß geschminkte Frau die mitgebrachte Bastmatte aus und entfaltet aus den geflochtenen Schachteln eine Fülle zartfarbener Opfergaben. Dr. Gigi kommt aus der Hauptstadt nach Penulisan, um ein gutes Gefühl zu haben. Er ist ein müder Bali Aga im Exil der Metropole. Wenigstens einmal im Monat macht er sich schön für die Götter der Gipfel. Über dem lila Hüfttuch trägt er noch ein zweites in goldener Farbe. Unter seinem Stirnband glänzt der Schweiß, und genau genommen sieht er etwas unglücklich aus. Er erreicht nie ganz die Hingabe seiner javanesischen Frau. In ihrem Kokon aus Spitzen und Tuch gelingt ihr betend eine schöne himmelstrebende Gebärde, während Dr. Gigi und Tochter schon haltungsmäßig etwas abfallen. Und zeigt nicht das maliziös lächelnde Bärchen auf dem Trikothemd der Tocher leise deren beginnenden religiösen Widerstand? Noch kniet die

Kleinfamilie in einer Reihe und wippt gemeinsam nach vorne, gutwillig die gegeneinander gelegten Handflächen mit einer Blume zwischen den Fingerspitzen über ihre Köpfe emporhebend, während das Räucherstäbchen verglüht.

Später sitzt Dr. Gigi im gnädigen Halbschatten unter dem schmalen Palmstrohdach eines Schreines und schaut hinüber zu einer Reihe blauer Gesäße: Vor ihm gehen die Fernsehleute aus perspektivischen Gründen in die Knie, in die Hocke, beugen sich nach vorne. Dr. Gigi sieht, wie sie ausleuchten. Große silberne Stanniolbögen werfen das Licht der Lampen zurück und erhellen das unergründliche Grau, die Zeugen früher Anbetung: am Anfang waren es Steine, später behauene Steine. Dann entwickelt sich ein Rund, wird Bauch, wird Brust, kann Phallus sein. Bis es schneller geht, Kopf und Krone und heiliges Schwert. Der Stein wird König, ist ein mandeläugiger Gott, ein Elefant, ein Tänzer. Und wurde zerschlagen. Hier liegt ein Rumpf, dort ein Arm. Der Stein ist wieder ein Stein. Und auf seine Weise heilig. Die Kamera surrt. Pak Kaler spricht langsam in ein Mikrophon. Familie Gigi tritt durch das Tempeltor zurück.

Die Bali Aga verstehen sich als Hindus. So gesehen. Und sie verstehen sich als Bali Aga. Also mischen sie. Je nachdem, wer sie fragt, berufen sie sich auf die vergöttlichten Könige der Gipfel oder ein höchstes Wesen Indra oder Siwa. Immerhin gehen ihre Kinder auf staatliche Schulen, von wo die indonesische Kunde des Monotheismus tönt. Nein, sie sind keine Animisten, auch wenn sie ihre Sorgen einem Baum erzählen können. Die Bereitschaft, Kompromisse zu schließen, wird ihren göttlichen Ahnen gefallen. Aus Höflichkeit passen sie sich an; aus Selbstbewusstsein bleiben sie sich gleich. Man muss ja nicht alles, was man so tut, propagieren. Diskret bewahren sie ihre rituelle Gemeinschaft, nach außen leicht elitär, nach innen demokratisch. Ebenso diskret, unter den rostenden Wellblechdächern ihrer Anwesen, sind sie reich. Sie besitzen große Ländereien und Goldvorräte, was ja niemand wissen muss. Und lächelnd bezahlen sie ihren Kindern ein Studium in Denpasar. Dort gibt es böse kastenlose Bali-Aga-Buben, die sich einen Sport daraus machen, hochrangige Brahmaninnen zu verführen. Heiraten aber werden diese Söhne ihrer Väter, zumindest wenn sie in den Dörfern leben wollen, eine in Mädchengruppen verlässlich initiierte Bali-Aga-Frau.

Ni Luh Tirtwana, die 25-jährige Bankangestellte, hockt auf den Fersen neben I Ketut Susana, dem 36-jährigen Agraringenieur, der seine Beine männlich im Lotossitz kreuzt. Wenn die beiden lächeln, könnte ein aufmerksamer Beobachter erkennen, dass ihre Eckzähne nicht abgeschliffen sind. Die Bali Aga sehen von diesem hinduistischen Brauch ab, der dem Menschen den Rest des tierisch Wilden nehmen soll. Das Brautpaar hat den Vollmondtag für seine Hochzeit gewählt. Es feiert in Kintamani, dem Geburtsort des Bräutigams, jenem Marktflecken am Kraterrand, wo die Sukawaner ihre Limonen und den Kaffee, den Knoblauch und die rosa Zwiebeln verkaufen. Auch wer im Süden ein modernes balinesisches Leben führt, wird, wenn er aus den Bergen stammt, das Herkommen der Bali Aga wie ein Spurenelement in sich tragen. Ni Luh hält still unter einer hohen goldenen Krone; über ihre nackte Schulter läuft eine Schärpe hinunter auf ein blau-goldenes Tuch. Sie reißt die ummalten Augen auf, und die in den Haaren zentrierte Hibiskusblüte leuchtet wie ein zweiter Mund, sodass ihr Kopf der Kippfigur einer Skatkarte gleicht. Blau-golden korrespondieren die Tücher des

Bräutigams mit denen der Braut. Auf seinen Rücken drückt ein in den Stoff fest eingeschlagenes Schwert. Die Abendsonne fährt in die Ornamente auf den Gewändern, durch die Ziselierungen der Spitze, und lässt die bloßen Schultern des Brautpaares hart glänzen wie Bambus. Die Hände des Priesters sinken. Das Brautpaar erhebt sich. Der Priester zündet sich eine Marlboro an. Das Brautpaar steht wartend, bis der Zug der Gäste wieder in Bewegung kommt. Die öffentliche Trauungszeremonie findet in fünf verschiedenen Tempeln statt, das war erst der vierte. Kompromisse können anstrengend sein. Kleine offene Lieferwagen transportieren die meterhohen Opferpyramiden unter Plastikfolie, die im Fahrtwind von geputzten Trägerinnen mühsam festgehalten werden.
Im Batur-Tempel, dem Bali-Aga-Heiligtum, das der Göttin des Kratersees geweiht ist, ist der Brahmanenpriester dann verschwunden. Es ist der Ältestenrat, der hier den Abschluss der Zeremonien erledigt. Wieder trinkt das Brautpaar nach hinduistischem Ritus Wasser aus den Händen, hebt Blüten aus Schalen und wirft sie; Reis klebt an Schläfe und Stirn. Aber dann nimmt eine doppelte Phalanx von Männern in karierten Hüfttüchern mit schwarzen Hemden rechts und links den Hochzeitsclan in die Mitte. Sie tauschen die Plätze, bilden Reihen nach kosmischen Tangenten und lösen sie wieder auf. Es ist wichtig, wie sich einer nach dem Berg ausrichtet oder nach dem Meer. Wem die Himmelsrichtungen präsent sind wie die Ahnen, der wird nie orientierungslos sein. So vergeht die Mondzeit. Aus den Tälern kommt Nebel und taucht die Schreine in ein milchiges Licht, in dem die Stirnbinden der Ältesten bläulich schimmern. Dann fällt die Nacht wie ein Tuch.

Mani. Lakonische Erkundungen

Früher einmal wurde die Peloponnes mit einem Platanenblatt verglichen: der Isthmus von Korinth, die schmale Verbindung zum Festland, war der Blattstiel, die Mani war die Spitze des Platanenblattes. Es ist heute sehr einfach, von Athen aus mit einem kleinen Flugzeug auf fast jede griechische Insel zu kommen. Die Flugverbindung nach der Mani aber, dem mittleren, am weitesten in den Süden zeigenden Ausläufer der Peloponnes, endet schon in Kalamata, auf der Höhe von Sparta, da, wo das Platanenblatt seine Bauchigkeit hinter sich gelassen hat und in die Spitze führt. Von Kalamata aus fährt ein Bus, selten und langsam, oder das Taxi. Bis Areopolis, der Eintausend-Einwohner-Hauptstadt, sind es zwei Stunden. Und wer dann gar bis hinunter wollte, zum Kap Matapan, dem südlichsten Zipfel griechischen Festlandes, der braucht nochmals zwei Stunden, mindestens. Wer also tatsächlich so verrückt ist und sich ausgerechnet dahin aufmacht, hat anderes vor, als unter griechischer Sonne braun zu werden.
Heute ist die Mani das Ziel für jene Griechenlandfahrer, die, ein wenig paradox und ein wenig sentimental, von einem vortouristischen Griechenland träumen, das es in der Mani, einer abgelegenen steinernen Landschaft Lakoniens, vielleicht noch gibt. Wanderer kommen, Liebhaber der byzantinischen Kirchen und Kapellen, die hier in den Olivenhainen zerfallen wie vergessene überreife Früchte einer vergangenen Kul-

tur; geschichtlich interessierte Reisende geraten in Andacht vor den Ruinen fränkischer Burgen oder der radikalen Architektur der Geschlechtertürme.

Es war in der widerständigen Mani, wo am 17. März 1821 der letzte griechische Befreiungskampf gegen die türkische Besatzung begann, unter der Führung des Manioten Petros Mavromichalis. Seine Truppen hatten die Türken bereits aus Kalamata vertrieben, bevor eine Woche später – und dieser Tag wird heute als Nationalfeiertag begangen – im Zentrum der Peloponnes der Freiheitskampf überhaupt erst anfing. Die Brüder jenes Petros Mavromichalis ermordeten später den berüchtigten ersten griechischen Präsidenten Ioannis Kapodistrias: nach einer familieninternen Logik von Blutrache. Die Mani zeigt nach Nordafrika. Ihre Türme aber grüßen Venedig und erinnern nicht zufällig an die Türme des toskanischen San Gimignano. In der Mani hatten die Venezianer ihre Söldner rekrutiert.

Seeräuberei ist ein seltsames Wort; die Manioten nannten sich Korsaren. Sie waren käuflich und zugleich frei. Sie kämpften nicht ungern mit den Venezianern gegen die Türken, hielten es aber auch umgekehrt. Sie riefen Napoleon oder Katharina die Große im Namen ihrer Freiheit an, ließen sich aber jahrhundertelang mit den Türken auf Arrangements ein. Ausgewählte Männer maniotischer Geschlechter trieben als christliche Beys für die Hohe Pforte, das Sultanat in Istanbul, Tribute ein – oder auch nicht. Sie wechselten die Fronten wie die Hüftgürtel und übten ihren Mut und ihre Reaktionsfähigkeit in beinahe ständigen Clanfehden von Geschlecht zu Geschlecht, von Turm zu Turm.

Als ein Spurenelement ist maniotische Kampfeslust in die Weltliteratur eingegangen. Hölderlins Hyperion und sein Freund Alabanda beteiligen sich in der Mani, in »Morea«, wie die Landschaft in früheren Jahrhunderten hieß, am griechischen Befreiungskampf: »Es war ein Brief von Alabanda gekommen. Es regt sich, Hyperion, schrieb er mir, Rußland hat der Pforte den Krieg erklärt; man kommt mit einer Flotte in den Archipelagus; die Griechen sollen frei seyn, wenn sie mit aufstehn, den Sultan an den Euphrat zu treiben. Die Griechen werden das Ihre thun, die Griechen werden frei sein, und mir ist herzlich wohl, daß es einmal wieder etwas zu thun gibt.« Hölderlin setzt sich in seinem Text insgeheim mit dem Extremismus der Französischen Revolution auseinander. In den »Manioten«, den »Wilden vom Berg«, kritisiert er die Jakobiner, die »Montagnards« der Bergpartei, die das Ideal der Revolution zerstört haben: »Es ist aus, Diotima! unsre Leute haben geplündert, gemordet, ohne Unterschied, auch unsre Brüder sind erschlagen. […] Liebes Mädchen! es ist des Unheils zu viel. An allen Enden brechen wütende Hauffen herein; wie eine Seuche tobt die Raubgier in Morea und wer nicht auch das Schwerd ergreift, wird verjagt, geschlachtet und dabei sagen die Rasenden, sie fechten für unsre Freiheit. Andre des rohen Volks sind von dem Sultan bestellt und treibens, wie jene. […] Ach! ich habe dir ein Griechenland versprochen und du bekommst ein Klaglied nun dafür.«

Im Unterschied zu Hölderlin, der nie griechischen Boden betreten hat und statt des Taigetosgebirges die Höhenzüge der Schwäbischen Alb imaginierte, wenn er über das Bergvolk der Manioten schrieb, konnte ein französischer Reisender 1786 in seinem Tagebuch Erkundungen vor Ort notieren. Dem technischen Zeichner Castellan, der im Auftrag der Hohen Pforte Handelsbeziehungen zu Frankreich auffrischen sollte, waren die eigenständigen Frauen der Mani aufgefallen. Da ihre Männer meist mit Fehden beschäftigt waren, erledigten sie die harte Alltagsarbeit, griffen aber auch, wenn es sein musste, selbst in den Kampf mit ein. Der Franzose notiert staunend in sein Tagebuch: »Viele Frauen veranlassten bei sich eine unzeitige Niederkunft, ersäuften und erwürgten ihre Kinder, um sich leichter befreien zu können, und retteten sich wirklich mitten durch die unaussprechlichsten Gefahren. Sie lernen auch die Anwendung der Waffen, und man hat mehrere maniotische Weiber, die sich keine verschaffen konnten, so standhaft gefunden, dass sie ihre Schultern zum Auflegen für das Gewehr ihres Bruders oder Mannes darboten, damit ihr Schuss umso weniger fehlen möchte.«

Noch heute wird, wer durch die Mani zieht, einen harten Frauentyp finden, der fest entschlossen ist, hier zu überleben. Und schwarz gekleidete Greisinnen tradieren mit ihren Klageliedern, den »Schicksalsworten« oder »Mirologia«, maniotische Alltagsgeschichte. Ihre Kunst, eine Biographie scheinbar aus dem Stegreif singend zu resümieren, wird bei Begräbnissen äußerst geschätzt und rundet ein maniotisches Leben erst ab. Mirologia sind eine mündliche Literatur, die es nicht mehr lange geben wird, denn Frauen, die jünger als 60 Jahre sind, beherrschen sie kaum noch.

Kyria Pota singt gerne, beherzt und zahnlos. Ihre Lebenszeit ist eine Garantie für gute Textkenntnis; wie weit sie zurückreicht, ist nicht genau auszumachen. Im Januar, am Tage des Lichts, sei sie geboren, in welchem Jahr vermag sie nicht mehr zu sagen. Wenn sie von ihren Oliven zurückkommt, schwenkt sie die Weihrauchampel durch ihr Häuschen in Areopolis; so vertreibt sie die bösen Geister. Sie legt ihre Hände, die faltig braun sind wie der Stamm eines Ölbaums, auf die Plastikdecke des Küchentischs und holt Atem. Eines ihrer Mirologia handelte von einer Witwe, die mit vier Kindern zufrieden lebt, süßes Brot isst, süßen Wein trinkt und ein goldenes Dasein führt, bis ihre Brüder sie durch ein Fest überraschen, das sich gespenstisch als ein Hochzeitsritual entpuppt. Sie wird überrumpelt und gezwungen, sich nochmals zu verheiraten, aber rächt sich in der Hochzeitsnacht: Sie ersticht den ungewollten Ehemann. Kyria Pota kichert und bekreuzigt sich.

In der steinigen Mani, dem alten Korsarenland, schneiden sich heute zwei Lebensperspektiven: die Sehnsucht der Einheimischen, in der Kargheit überleben zu können, und die Sehnsucht der Fremden, gerade hier eine andere Freiheit zu finden. Ausgesetzt zwischen Steinen und Meer wagen ausländische Zuwanderer aus dem reicheren Europa eine neue Existenz im Luxus des Einfachen. Selbstverwirklichung ist, wie Seeräuberei, ein schwieriges Wort. Die Idee der Freiheit kann viele Nuancen haben. Eine hat die Farbe von mattem Schwarz, grauem Silber und grünem Gold. Schon Castellan bemerkte sie:
»Die Ufer des Meeres sind mit Ölbäumen bepflanzt, welche schöner sind als die von Italien und unsern mittägigen Provinzen; diese majestätischen Bäume scheinen sehr alt. Aus Achtung schonte sie der Reif und nie waren sie mit Unfruchtbarkeit geschlagen; es gibt einige unter denselben, die, nach der Sage, dafür bekannt sind, dass sie schon mehrere Jahrhunderte gestanden haben. Ihre Frucht ist schön, und dem Öle, welches man daraus presst, fehlt zur Vollkommenheit nichts als eine sorgfältigere Behandlung.«
Der in Bessarabien geborene Schwabe Heinz Neth hat im verlassenen Thalames, wo es keine Schule mehr gibt und keine Kirche, die alte Ölmühle wieder instand

gesetzt. Seither pressen dort wieder drei Gemeinden ihre Oliven zwischen Mühlsteinen. Moderne Verfahren schleudern mit der Zentrifuge, was der Qualität des Öls nicht förderlich ist.

Ein Olivenbaum trägt im Schnitt 25 Kilo Oliven, das ergibt etwa 5 Liter reines Öl. Die Steinmühle von Thalames presst etwa 100 Tonnen Öl im Jahr. Heinz Neth hat auch eigene Bäume, die ihm 2 bis 3 Tonnen Öl bringen. Dieses Öl vertreibt er von Athen bis Sylt in schönen Flaschen und Kanistern mit einem Olivenbaumetikett, das sein Schwager, der Bühnenbildner Karl Ernst Herrmann, entworfen hat. 1994 schmuggelte es ein begeisterter Händler in einen internationalen Wettbewerb, wo Öle blind verkostet werden. Das »Piratenöl« aus der Mani gelangte auf Anhieb als einziges griechisches Öl in die Endauswahl von 30 Olivenölen. Und wurde in der Schlusswertung gleichrangig mit den besten, um ein Vielfaches teureren toskanischen Ölen platziert.

Das maniotische Geheimnis von gutem Öl ist offenbar. Während es in anderen Regionen üblich ist, unter den Bäumen Tücher auszubreiten und zu warten, bis die überreifen Oliven abfallen, ist in der Mani die Olivenernte Handarbeit. Wer in den ersten Novembertagen hinunterfährt, wird in den Läden gelbe kurzstielige Plastikrechen mit groben Zinken sehen, die an Sandkastenutensilien erinnern. Sie dienen zum Kämmen der Zweige. Die Oliven bleiben zwischen den Zinken hängen und brechen vom Stiel, während sich die elastischeren Blätter durch die Zinken ziehen lassen. Es ist im Grunde dieselbe Technik, deren sich die Heidelbeerpflücker im Schwarzwald im kleineren Maßstab bedienen.

Olivenpflücker und -pflückerinnen stehen entweder am Boden und ziehen die Zweige zu sich her, sodass die abgekämmten Früchte in ihre riesige, an einem Zweig fixierte Schürze springen. Oft aber auch hocken schwarze Weiblein mitten im Baum, schaukeln, schäkern, rupfen und schlagen mit den Ästen wie mit einem Gefieder. Eine gute Pflückerin füllt zwischen Dämmerung und Dämmerung vier Säcke: das sind 200 Kilo Oliven. Am wenigsten professionell, aber mit hohem Aufwand an Emphase pflücken vielleicht des Ölmüllers romantische Freunde aus Deutschland; effektiver sind schon die durchreisenden Landarbeiter, die gerade in Spanien Orangen geerntet haben, manche landwirtschaftlichen Globetrotter oder die polnischen oder tschechischen oder russischen Studenten.

Nun kommt es darauf an, das kostbare Gut von den steilen unwegsamen Hängen mit Eseln möglichst schnell in die Mühle zu bringen. Bleiben Oliven zu lange liegen, beginnen sie zu gären, dann wird das Öl sauer. Für sehr gutes Öl, so eine maniotische Grundregel, müssen die Oliven von Hand gepflückt und sofort gepresst werden.

In der Mühle werden die restlichen Blätter abgesaugt, die Oliven in einem Spiralschneider zerkleinert, gerührt und zwischen zwei Mühlsteinen gemahlen. Das Ergebnis, eine kompakte Paste, wird in einer Dicke von 1,5 bis 2 cm auf eine feinmaschige Sisalmatte aufgetragen, die nach einer Länge von 5 Metern zurückgefaltet wird und wieder bestrichen. Am Ende liegt ein mehrschichtiges überdimensionales Sandwich mit 30 bis 40 Faltungen auf dem Wagen. Der wird nun in die Pressvorrichtung geschoben und dort mit drei Druckstempeln von unten gegen die Decke der Presse gedrückt. Das meiste Öl fließt schon bei 100 atü heraus, gepresst wird bis 300 atü, zwanzig Minuten lang. Jetzt kommt das Öl in einen Tank, dann in eine Zentrifuge, die trennt: etwa 70% Wasser, 25% Öl und 5% Kernreste.

Die gehaltvollen Januar-Oliven ergeben aber manchmal auch 30% Öl. In der Wandung des Zerkleinerungsturms fließt wie in der Zentrifuge 35 Grad warmes Wasser. Bis zu dieser Temperatur dürfen die kalten Oliven erwärmt werden, das ist weniger als die menschliche Körpertemperatur.
Die zweite Grundregel für gutes Öl ist Sauberkeit. Die Matte muss regelmäßig gewaschen werden, damit sie nicht ranzig wird. Ob eine Mühle zügig und sauber arbeitet, lässt sich am Säuregehalt des Öls ablesen. Der Schwabe von der Rauhen Alb hat die besten Werte der ganzen Region.
Die Maische, Pirina genannt, kommt nach Sparta auf einen besonderen Markt. Mit Benzin lässt sich aus ihr noch Restöl lösen. Das heißt dann Pirinellio und wird, da es geschmacksneutral und billig ist, in Großküchen verwendet. Italienische Stammkunden kaufen es gerne, dann reist Pirinellio, die modifizierte Maische aus der Mani, in die Toskana, wo sie in Supermärkten als reines Olivenöl wieder auftaucht.
Die wahren, die maniotischen Öle aber sind ein Hochzeitsgeschenk und Ehrensache und werden in den Familien als hohes Gut über das ganze Jahr gehütet, in Ton-Amphoren oder 200 bis 600 Liter-Fässern aus verzinktem Blech und einem Holzdeckel. Im Keller werden diese Fässer durch Vorhängeschlösser gesichert. Wenn das Öl mit dem Mani-Express, dem populären, wöchentlich verkehrenden Lastwagen, nach Athen zu Verwandten geschickt wird, haben es die Besitzer genau beschriftet und sorgfältigst plombiert.
Der Ölmüller erzählt: Es gibt einen Plan, nach dem gepresst wird, in den sich die Bauern eintragen, und natürlich wird immer gedrängelt. Dann sagen manche, sie seien aus Athen und nur übers Wochenende da, zum Pflücken und Pressen: das ist die erste Ausrede.

Oder jemand sei krank: das ist die zweite Ausrede. Und da kam doch tatsächlich einmal ein Bauer zu mir, ein Mann um die 60 Jahre, der sagte, sein Vater liege im Sterben. Er müsse das Öl heute noch pressen. Na, dachte ich mir, das geht aber doch ein bisschen weit. Es war schon Abend, aber der Mann ließ nicht locker, so haben wir sein Öl noch gepresst. Zum Service der Mühle gehört, dass wir das frische Öl dem Bauer nach Hause bringen.
Der Weg ging steil nach oben. Es war eine sternlose Nacht und stockdunkel, als wir ankamen. Wir treten ins Haus und da liegt doch tatsächlich der alte Vater im Bett, wie tot, und im selben Zimmer hinten steht die Ton-Amphore. Wir leeren also das Öl hinein. Und der Alte, der das Geräusch hört, wie das Öl in das Hausgefäß fließt, macht die Augen auf und horcht.
In derselben Nacht ist er gestorben.

Und Xanthoula wird Englisch lernen. Sie holt aus und haut mit einem Messer nochmals auf das Schwein ein. Und sie wird Französisch lernen. Fett und Bratensaft spritzen ihr entgegen. Der Kopf des Tieres ist zur Seite gekippt und die dunkle Zunge hängt ihm schief aus dem Maul. Und sie wird sich mit ihren Gästen unterhalten können. Das Fleisch zerfällt fasrig. Sie säbelt, sie haut, und sie ist sich sicher, dass sie siegen wird.
Xanthoula ist in Piräus aufgewachsen, und als sie größer war, begann sie, in jenen Tavernen zu arbeiten, die nicht unbedingt ein Ausflugslokal für Familien sind. Aber vielleicht war das Mädchen Xanthoula mit den hohen Backenknochen und den wie Lorbeer geschwungenen Augen nicht nur schöner als die anderen, sondern auch entschiedener. Und sie hatte Mut.
Xanthoula nimmt ihren Milchkaffee und setzt sich an einen der mit weiß-blau gewürfelten Tüchern überzo-

genen Tische der Taverne. Hinter ihr in der Küche machen ihre drei Kinder Schulaufgaben und streiten sich und schmusen mit Bubu, dem aufgelesenen Hund, und es wacht starr die schwarze maniotische Schwiegermutter, die das dahergelaufene Mädchen aus Piräus nie akzeptieren wird. Sie wird nie zugeben, dass nicht unter den Handreichungen ihres melancholischen Sohnes, sondern erst unter Xanthoulas Zugriff die Taverne zu einem Anziehungspunkt in Areopolis wurde. Xanthoula nimmt einen Schluck Kaffee und raucht. Härte und Kleinarbeit und Wille. Ihre drei kleinen Kinder sollen in Areopolis bleiben können. Und wenn sie Glück hat, kommen auch ihre beiden großen Söhne aus der ersten Ehe von Piräus nach, hierher in die Mani zu ihr und Petros, der ihr die Chance gegeben hat, die alte Taverne seiner Eltern zu übernehmen und noch einmal anzufangen, am Ende der Welt. Nächstes Jahr wird sie 40, und wenn Xanthoula zurücksieht, kann sie ihr Älterwerden nur als einen Aufstieg empfinden.

Es ist gegen 10 Uhr abends, und der Raum hat sich mit Gästen gefüllt. Die reichen Athener sind gekommen, emigrierte Manioten, die zurückkehren, wenn die Oliven reif sind, und hier ein Mütterchen besuchen. Sie sitzen da, auf schräge Weise mondän, mit ihren falschen Pelzen und dem Goldschmuck aus der Stadt. Manche zapfen so seltsam vertraut den rosahellen geharzten Wein aus dem deckenhohen Eichenfass, das mitten in der Taverne steht. Und der Wein schäumt ihnen in die hohen Blechbecher. Zwei junge englische Olivenpflücker zupfen am weißen Fleisch eines Hähnchens, brechen das helle frische Brot und tunken die Zitronen-Öl-Sauce des Blumenkohls auf.

Das gegrillte Schwein, das Xanthoula eher zertrümmert als zerlegt hat, ist für den Tisch der Medizinstudenten. Einer von ihnen hat das Examen bestanden und wird staatlich verpflichtet, mit den anderen für einige Monate im Gesundheitszentrum in Areopolis zu arbeiten. Die Tür geht auf, mit dem kalten Wind kommt der Professor herein, worauf die Studenten sich erheben wie ein Körper, und der Alte schreitet durch die Tische mit Oliven und Schafskäse, Kraut und Karottensalat. Und Xanthoula mit ihrem nun schmutzigen T-Shirt präsentiert auf einer geschwungenen Leichtmetallplatte das zerkleinerte Schwein und weiß, dass sie neben der Taverne ein Kafenion eröffnen wird, mit diesen Vorspeisen, wie die Touristen sie mögen, und sie wird in die Privatschule gehen und Englisch lernen und Französisch. Nächstes Jahr schon wird sie mit ihren Gästen sprechen können. Sie wischt sich die Hände an der Schürze ab und achtet nicht auf ihren Mann, der die ganze Zeit still dasitzt und auf die Gäste sieht und auf das Schwein und auf das Messer und lächelt.

Nur wenige Schritte entfernt von jenem runden Dreschplatz, in dessen Mitte Petros Mavromichalis am 17. März 1821 die Fahne als Zeichen für den beginnenden Aufstand gegen die türkische Besatzung gepflanzt hat und wo heute Touristenbusse kurz anhalten, um das »Loch der Freiheit« zu würdigen, lebt Jakob Xenakis. Jakob ist als Sohn griechischer Eltern im ägyptischen Alexandria geboren. Er hat in Zürich Kunst studiert und vor zehn Jahren beschlossen, in die Heimat auszuwandern. Er konnte ein wenig von der griechischen Regierung profitieren, die Projekte in unterentwickelten Gebieten unterstützt. Die Region der Mani ist in den Tabellen von Athen in der tiefsten Kategorie »D« angesiedelt, das heißt, sie liegt in der Kadenz der Verlassenheit ganz unten und wird am höchsten bezuschusst. Die Mani soll nicht endgültig entvölkert werden.

Als Jakob in die Mani kam, wollte er sich binden, um frei zu sein. Ihn faszinierte das Licht, die Kargheit, er empfand eine eigenartige Zeitlosigkeit, eine gleichsam natürliche Trauer dieser Landschaft und ihrer zugleich herzlichen wie verschlossenen Menschen. Zusammen mit seinem Schweizer Freund kaufte er die Ruine eines Mavromichalis-Turms und träumte von der Möglichkeit, eine Malschule zu gründen. Zwei Jahre lang renovierte er den Turm, einen Steinhaufen, der von Armut, Strenge und Misere kündete, und verwandelte, was einmal schiere Not war, in eine puristische Ästhetik. In Jakobs Turm gibt es keine Ecke, die nicht schön wäre, ohne dabei etwas anderes zu sein als Treppe, Mauer, Fenster, Tisch und Bett. Auf der Turmterrasse begann er, helle Bilder zu malen, Altartafeln ohne Gegenstände, die in Farben und Formen etwas erzählten vom Chaos, das sich zum Spiel verwandeln und in Rhythmen lenken lässt.

Und der Maler wollte die Mani kennen lernen. Er ging herum und sprach mit den Leuten, sammelte Geschichten und legte eine kleine Bibliothek an aus Büchern wie »Die Architektur der Mani« oder »Mirologia«, eine Anthologie in drei Bänden, oder »Die griechische Pflanzenwelt in Mythos, Kunst und Literatur«. Unter ihnen steht auch jener Roman von Christoph Ransmayer, »Die letzte Welt«, der zwar an der Schwarzmeerküste und in Rom spielt, aber in der Mani geschrieben wurde. Maniotische Geröllandschaften prägen die Atmosphäre des Textes, und der Ort »Trachila« ist eine kleine Hommage an das gleichnamige einsame maniotische Dorf bei Thalames, wo auch die Ölmühle des Schwaben aus Bessarabien steht.

Als die Freunde des Malers aus Athen oder Zürich

kamen, Leute ohne Zeit aus der Welt der Autos und Termine, wollten sie nicht malen lernen, sondern ausschlafen. Und danach gerieten sie in einen seltsamen Mani-Bann. Sie lasen den schönen Reiseführer von Peter Greenhalgh und die wunderbaren klassischen Reisereportagen des mittlerweile sehr alten Lord Fermor, der das Ende seines Lebens in der Mani verbringt. Sie entdeckten die Klagelieder und die Kirchen, die Türme und Höhlen der Mani neu. Sie halfen bei der Olivenernte oder gingen baden. Sie stöberten im Werk von Pausanias und fuhren dann nach Gythion auf die Insel Marathonisi, die bei Pausanias noch Kranai heißt, jener Ort, wo Paris und Helena landeten nach ihrer Flucht, die den Trojanischen Krieg zur Folge haben sollte. Jahre später noch erinnert sich Paris gegenüber Helena an die erste gemeinsame Nacht und »wie ich zuerst aus dem heiteren Land Lakedaimon/ Dich geraubt und entführt in den meerdurchfurchenden Schiffen/ Und mich auf Kranaes Insel in Liebe und Lager dir einte«.

Jakob gab den Gedanken einer Malschule auf und begann, Zimmer seines Turmes zu vermieten. Seither pflegt er eine besondere maniotische Turmgesellschaft. Sein Publikum ist international; wenn ihm die Gäste gefallen, kocht er auch für sie: Risotto mit Steinpilzen von den Eichenhainen, Blätterteigkuchen mit Safran oder Salat aus den kleinen weißen Bohnen mit dem dunklen Punkt, den Schwarzaugen, mit Dill. Kyria Pota ist seine Nachbarin. Einmal in der Woche hilft er ihr beim Telephonieren nach Athen, denn sie sieht die Zahlen nicht mehr richtig. Dafür schenkt sie ihm eine Hand voll Trauben oder ein Liebeslied:

»Verga, meine Verga! Wo ist das Mädchen, das ich liebe? Das Mädchen ist am Brunnen, um Wasser zu holen. Auch ich gehe zum Brunnen, damit sie mit dem leeren Krug nach Hause geht. Und wenn dich dann, meine Verga, deine Mutter fragt, wo dein Krug ist, dann sage ihr: Ich bin gestürzt, und der Krug ist zerbrochen. Aber sage der Mutter auch, Verga, dass es nicht nur ein Sturz war, sondern der stolze Flug eines Adlers.«

Im Herbst steht auf Jakobs langem Speisetisch eine schöne Schale mit Quitten, Nüssen und Johannisbrot. Wer die ledrigen süßen Schoten öffnet, findet winzige Samen. Sie heißen Karat, ein arabisch-französisches Wort, das auf das griechische »keration« zurückgeht und »kleines Horn« bedeutet. Einst waren Johannisbrotsamen eine sensible Maßeinheit, mit der Edelsteine und Gold ausgewogen wurden. Und vielleicht wäre dieses vergessene Karat auch ein lakonisches Bild für das Gewicht maniotischer Freiheit.

Die Hölderlin-Zitate sind entnommen aus: Hölderlin, Sämtliche Werke und Briefe. Hg. v. Michael Knaupp (Münchner Ausgabe), Hanser Verlag, München 1992, Bd. 1, S. 638 und 720.

Stille Tage in Alagna

Pietro Pratos Vitrine in der Bar Mirella ist ein Indikator für die Saison. Präsentiert sie neben Pratos kakaobestäubten Schlüsseln, Hämmerchen und Hufeisen aus Schokolade nur die handgearbeitete Fülle von Trockengebäck, dann ist es ruhig in Alagna. Im August aber fertigt Pietro Prato in seiner mildweißen Backstube auch Sahne- und Cremetorten, bombastisch wie der hohe Sommer. Auch an den Wochenenden streicht er vergänglichere Süße zwischen die Biskuitscheiben. Denn die Straße von Varallo hinauf nach Alagna ist breit ausgebaut und hat auf einer Länge von 30 Kilometern nur eine Steigung von 400 Metern. Sie bringt Scharen müder Norditaliener aus Novara, Varese, Turin oder Mailand bequem mitten in die Berge. Pietro Pratos Albergo-Bar Mirella liegt direkt neben der legendären Seilbahn von Alagna, die innerhalb von gut 20 Minuten auf den 3200 m hohen Indren-Gletscher führt. Von dort kann das Monte-Rosa-Massiv erstiegen und befahren werden bis hinüber in die Schweiz. Es geht auch schneller. In der Luftlinie ist Alagna etwa 7 km vom 4560 Meter hohen Gipfel entfernt; im Helikopter eine Zigarettenlänge zwischen Start und Landung.
Elend ist ein altmodisches Wort. Es hat mit Heimat zu tun. Wie ein Stein im Fluss wurde es im Sprechen abgeschliffen. »Alja landja« war seine ursprüngliche Form. Am Anfang hieß Elend einmal: »außer Landes sein«. Alagna ist ein altmodischer Ort. »Alagna« war einmal ein Lebensprogramm. Es bedeutete empha-

tisch: »im Land«, oder: Hier werden wir zu Hause sein. Als im 13. Jahrhundert Walliser Bergbauern sich mit Lasttieren aufmachten und über den Theodulpass oberhalb von Zermatt die Alpen überquerten, waren sie auf der Suche nach dem sagenhaften verlorenen Tal – so will es die Legende – oder nach neuem Siedlungsraum, so sehen es die Historiker. Sie ließen sich in den südlichen Monte-Rosa-Tälern nieder und brachten die höchste Bergbauernkultur Europas auch nach Italien. Einige von ihnen blieben am Talschluss der Sesia. An der vom Gletscherwasser tief ausgegrabenen Flussenge siedelten sie in kleinen Weilern bis in Höhen um 1500 Meter, hielten Vieh und bauten Roggen an, Gerste und Hafer. »Im Land«: das waren grellgrüne Bergwiesen und rare Erdstreifen, die sie in den abschüssigen Hängen mühsam terrassierten.

Ihre Architektur war dynamisch. Aus Tannen- und Lärchenholz bauten sie Häuser, die – ohne Eisennägel, allein mit Holzkeilen verfugt – ihre Festigkeit durch das tonnenschwere Granitdach erhielten. Sie umgaben ihre Häuser vollständig mit einer Laubenverstrebung. Hier trocknete das Heu, das ihnen in den kurzen feuchten Sommern im Sesiatal sonst verfault wäre. Um das kostbare Weideland zu schonen, bauten sie dicht an dicht; unter ihren Dächern war Platz für die Tiere, die Menschen, das Stroh, die auf engstem Raum einen geschlossenen Wärmehaushalt bildeten. Im Atem von Kuh und Ziege spannen die Frauen den geschlagenen Hanf und nähten Schuhe aus Filz.

Sie waren reich wie die Natur. Ihre Betten füllten sie jährlich neu mit getrocknetem Buchenlaub, ihre Kinder spielten mit Wurzeln, denen die Väter Schweinsohren und Kuhflecken aufgemalt hatten, und an den Feiertagen trugen ihre Frauen die Schönheit der Sterne oder der Eisblumen an den Kragen und Ärmelaufschlägen:

sie hatten eine puristische Kunst der Spitzenherstellung entwickelt. Sie zogen einen dünnen Faden durch eine Nadel, schlangen ihn zu einem Knoten und dann wieder zu einem Knoten. Aus einem Nichts an Material und einer demütigen Verbeugung vor der Zeit entstanden hauchdünne geometrische oder florale Muster. Heute werden die Arbeiten »Puncetto« genannt. Wer eines der alten Stück kaufen will, wird selbstverständlich eine Unsumme dafür bezahlen.

Die Siedlungshöhe der Walser war ein Grenzwert des landwirtschaftlich Möglichen. Warum sie es so wollten, ist den Historikern ein Rätsel. Die »Walserfrage« bleibt ein sprödes Geheimnis. Vielleicht hatte die Pest sie fortgetrieben, vielleicht die Landarmut, vielleicht sollten sie den italienischen Feudalherren, die sich im Wallis eingekauft hatten, die Grenzpässe sichern. Als Lohn der Härte lebten sie »im Land« als Freie.

Das Gebiet von Alagna ist der nördlichste Teil des Piemont und zugleich der südlichste Ort, an dem über 700 Jahre lang in einem romanischen Umfeld deutsch gesprochen wurde. Mit der Generation der heute etwa Fünfzigjährigen stirbt diese Sprachminderheit hier aus.

Wenn das Matterhorn vielleicht der mythischste Berg der Alpen ist und der Mont Blanc der höchste, so ist der Monte Rosa immerhin der zweithöchste und mit 15 Gipfeln, die eine Höhe von über 4000 Meter erreichen, sicher das mächtigste Bergmassiv der Alpen. Neben Engländern, Spaniern und Deutschen, die traditionell zum Monte Rosa reisten, kommen seit wenigen Jahren junge Leute von sehr weit hierher. In skandinavischen und amerikanischen Schneemagazinen, die die serviceintensiven exquisiten Arenen zwischen Kanada und der Schweiz diskutieren, wird Alagna als ein Geheimtip für Ursprünglichkeit gehandelt. Sein Charme besteht darin, dass es sich leistet, nicht charmant zu sein.

Es riecht nach Gummi, Schweiß und Metall. Der Liftpass kann nicht mit Kreditkarte bezahlt werden. Man steht wartend hinter einem Gitter, dabei sind nur eine Hand voll Skifahrer da. Nein, es ist nichts kaputt, es ist hier so. Draußen vor der Scheibe kommt eine Gondel leer an und fährt wieder leer ab. Das war nur das Gegengewicht. An Wochenenden, lächelt ein Mailänder Tourenfahrer und legt sein Handy in Schmuseposition an den Hals, gibt es Platzkarten. Wer Pech hat, kommt um acht oder neun und kann erst um elf Uhr fahren. Die Gondel hat eine Kapazität von 25 Personen und ist, alle zwanzig Minuten, die einzige Möglichkeit, in das Skigebiet von Alagna hinaufzukommen. Als die seit den 50er-Jahren geplante Seilbahn von Alagna auf die Punta Indren 1964 eingeweiht wurde, war sie die modernste Anlage im ganzen Alpenraum. Heute ist sie ein aktives Museumsstück. Die Gondel landet schwankend an. Im Innern mischt sich der Dieselgeruch aus den am Boden stehenden Plastikkanistern mit dem Parfüm der Metropolen. Der Mailänder Tourenfahrer zieht »Tutti Soldi«, den Börsenteil von »La Stampa«, aus dem Anorak. Lautlos gleiten wir einen Hang hinauf. Eine Gruppe junger Amerikaner, die Snowboards umarmend, strahlt durch die stumpfen Scheiben. Unten liegt ein Walserweiler. Über die Heutrockenstangen sind Flickenteppiche in die Sonne gehängt, neben dem geschichteten Granitdach reflektiert eine Satellitenschüssel. Auf der Mittelstation Zaroltu drehen sich hoch über den Köpfen der umsteigenden Skifahrer überdimensionale Zahnräder in vertikaler und horizontaler Richtung, denen man die Arbeit ruckweise ansieht, die beiden Gondeln im Zwillingsgleichgewicht auszusteuern. Die Szene verbreitet den nostalgischen Glanz von stillgelegten Fördertürmen im Ruhrgebiet oder von Chaplins »Moderne Zeiten«, wo das Gewaltige der Technik noch stampfte und ächzte und nicht als Zahlenspiel auf einem Display verschwamm.

Wir fahren über ein Hochtal. Hier wachsen keine Bäume mehr. An steilen Hängen geben die Schneemassen die Felsen frei. Die Sonne schmerzt gleißend. Tief unten läuft über eine makellose weiße Fläche eine Liftanlage aus den Kindertagen des elektrifizierten Skifahrens. Rote Einer-Sessel hängen an grazilen Bügeln wie Schönschreibübungen. Nochmals umsteigen. Die Bewegung der Gondel überträgt sich in ein Schwindelgefühl, durch das blaue und grüne Gletscherzungen lecken. Dann das Trampeln im Dunkeln hinauf über ausgetretene Stiegen aus Zeiten, da Skistiefel noch Gummiprofil hatten. Eine Holztür führt ins Freie. Wie aufgespannt unter einem scharfblauen Himmel reflektieren die Gletscher und Gipfel der Viertausender die Lichtwechsel der Atmosphäre. Die amerikanischen Snowboarder biegen links über den Indren-Gletscher Richtung Gressoney ab. Sie haben die kleinformatige Schneebibel in der Skijacke: »Polvere Rosa. Fuori Pista« – ein Leitfaden, der mögliche Routen durch das wilde Gelände in Skizzen und Kurzbeschreibungen vorschlägt. Eine schwedische Dreiergruppe hält sich rechts Richtung Bors-Gletscher. Hier beginnt die Balma-Abfahrt, eine – wenn auch mit minimalistischem Ehrgeiz – ausgesteckte schwarze Piste, die bis hinunter nach Alagna führt. Sie ist streckenweise extrem steil und durchaus nicht präpariert. Während drüben hinter dem Monte Rosa auf dem Theodulgletscher die Pisten von Schneekatzen samtweich gestrichen sind und die Skifahrer die flachen Hänge hinuntergleiten, als habe ein spielender Gott eine Hand voll Murmeln über ein Batisttischtuch rollen lassen, ist Skifahren in Alagna eine Konfrontation mit dem Berg, mit der harten Eleganz einer Felswand, dem Formenreichtum eines Hochplateaus. Die Schweden nehmen nicht die schwierige Piste, sie schlagen sich durch ins noch schwierigere offene Gelände hinter Felsen und an Gletscherspalten vorbei: im wippenden Kristianiaschwung, als fielen sie immer wieder jauchzend vor dem hohen Gestein in die Knie oder als sprängen sie durch den Schnee wie unermüdliche Heuschrecken.

Ennio Fanetti hat vor dem Haus Skifahren gelernt, in dem er geboren ist, auf einem kleinen Hügel. Sein Vater, ein Schreiner, hatte dem Vierjährigen zwei flache Hölzer zum Rutschen gefertigt. Heute ist Ennio 49 Jahre alt. Er ist nicht Bergführer oder Skilehrer geworden; er arbeitet als Maurer. Wir sitzen im Gemeindehaus des Kulturvereins »Unione« im gleichnamigen Restaurant. Traditionell zogen im Sommer die Walser aus Alagna als Maurer oder Gipser in die Städte, während die Frauen im Land die Feldarbeit erledigten. So waren die Alagneser maßgeblich am Bau des Mailänder Doms beteiligt. Und sie verstanden sich auf »finto marmo«, darauf, mit Farbe auf Holz den Schein des marmorierten Steines hervorzurufen. Ennio Fanetti ist Maurer, aber eigentlich ist er Vorsitzender des Kulturvereins. Sein Gesicht ist von geschliffener nobler Langmut. Gut, über Malpensa, den neuen Flughafen von Mailand, ist Alagna fünf Stunden von New York entfernt. Aber für einen Massentourismus sei Alagna zu klein und das Tal zu eng. Professionalisierung des Fremdenverkehrs heißt für Fanetti ein intelligentes Sichbescheiden: Es muss darum gehen, die kleinen Dinge zu zeigen, die wir haben. Alagna ist reich wie sein Eigensinn. Ennio Fanetti zweifelt, ob es gut ist, das

Skigebiet von Alagna über eine Skischaukel mit dem des Aostatals zu verbinden. Es gibt, sagt er dann, immer eine Grenze, die man nicht überschreiten soll, sonst macht man alles kaputt. Man kann nicht alles steigern.

Wer nach Alagna kommt, braucht den Sinn für die Sensation des Unauffälligen. Zum Beispiel dieser schmale lange Tisch hier im Restaurant »Unione«. Der Raum ist nicht groß, aber so, wie die stabilen Klapptische angeordnet sind, können 40 bis 50 Menschen an ihnen essen: geräuchertes Hirschfleisch, valsesianische Kartoffelnudeln, Teigtaschen oder Polenta mit Steinpilzen, Gemse mit Wacholder, gegrillte kleine Käselaibchen, Forellen aus der Sesia, gekochte steife Sahne und Kastanienmus.

Der Architekt Arialdo Daverio, der den Speisesaal konzipierte, hat 30 Jahre in Alagna gelebt und neben seiner Brotarbeit in Novara sein Leben der Erhaltung und Dokumentation der Walserkultur, vor allem der Walserweiler von Alagna, gewidmet. Das Gemeindearchiv verwahrt eine Mappe von 207 Schwarzweiß-Photographien, mit feiner Handschrift katalogisiert und ausführlich kommentiert. Nach seinem Tod hat er sein gesamtes Vermögen der Gemeinde geschenkt und eine Stiftung hinterlassen. Deren Satzung verlangt, dass die Schulkinder, aber auch die Erwachsenen von Alagna, regelmäßig in andere Alpenregionen reisen. Er wollte, dass sie ihr Leben besser verstehen lernen, indem sie das ihrer Nachbarn in diesen Bergen sehen. Daverio, der am 6. Januar 1990 mit 81 Jahren gestorben ist, liegt auf dem Friedhof in Alagna begraben. Statt eines klassischen Steins steht auf seinem Grab ein kleines Walserhaus.

»Velt hiar cafe oder the?« Angela breitet ihre Arme in der engen Küche aus wie ein Adler. Ihre Kittelschürze, die den dicken Jeansrock und die Strickjacke zusammenfasst, lässt die Ärmel austreten wie Flügel. Ihre schwarzen gedrehten Locken stehen wild ab. Und ob wir nicht »Socke« bräuchten? Pantoffeln meint sie. Der Küchentisch ist mit Zeitungspapier abgedeckt als Unterlage zum Arbeiten. Angela Gagliardini, ehemalige Lehrerin, Giampiero Viotti, pensionierter Ingenieur der Seilbahn und Bergführer, und Pietro Ferraris, einst Landschaftsschützer im höchsten Naturpark Europas, dem oberhalb von Alagna gelegenen »Parco Naturale Alta Valsesia«, treffen sich seit vier Jahren drei- bis viermal in der Woche in Angelas Küche und kauen Wörter. »Verziam, der citron ist nid woul taillt«, gurgelt Angela und stellt entschuldigend ein Tellerchen mit etwas schief geschnittenen Zitronenstückchen auf das Zeitungspapier. Wie Giampiero hat sie bis zum sechsten Lebensjahr ausschließlich Walserdeutsch gesprochen. Mit der Schule begann die italienische Erziehung.

Heute arbeiten sie daran, eine verschwindende Sprache festzuhalten. Sie gehen zurück auf das Wörterbuch von Giovanni Giordani, Walserdeutsch–Italienisch von 1891. Damals war Alagna eine fast rein Walserdeutsch sprechende Kolonie, die Italienisch zu lernen hatte. Giordanis Wörterbuch wird nun um einen Italienisch–Walserdeutsch-Teil erweitert, der eine Vielzahl beinahe schon verlorener walserdeutscher Ausdrücke neu aufnimmt. »Trinka ma a Schlückle«, lächelt Pietro Ferraris unter seiner Strickkappe mit den hochgeklappten Ohrenzipfeln. Was in der Sprachküche erarbeitet wird, tippt der Ingenieur Giampiero zu Hause in den Computer. Die drei sammln Wortfelder, als legten sie auf abschüssigem Gelände Terrassen an, sie knüpfen Bedeutungen wie ein aufwendiges Puncetto. Sie spinnen Gedanken wie widerständigen Hanf. Sie sind bescheiden. Sie setzen auf die Sanftheit, die den Stein glättet.

In Alagna wurden zwei alte Mühlen restauriert und ein Backofen, in dem wieder gebacken wird. Jetzt soll ein alter Kalkofen in Betrieb genommen werden. Die Skilehrer führen ihre Gruppen auch ins Walsermuseum oder in ein winziges Weiler-Restaurant, wo es keine Speisekarte gibt, sondern eben das, was es gibt: eingesalzenes Fleisch oder mit Salami und Käse gefüllte Knödel, in Milch gekocht, oder Pfannkuchen. Nach und nach sollen Relikte der Walserkultur als Stationen eines Wanderwegs präsentiert werden. »Ökomuseum« heißt die Idee. Der Kulturverein »Unione« hat eine Puncetto-Schule initiiert, sodass in Alagna wieder 50 Frauen Muster wie Kristalle knüpfen können. Und Angela gibt Unterricht in Walserdeutsch.

Vermutlich gehören Erleben und Mühe zusammen, und sei es nur die Mühe der Aufmerksamkeit. Bergführer Giampiero wundert sich über Touristen, die sich mit dem Helikopter zur Margherita-Hütte fliegen lassen, nur um von 4554 m herunterzulaufen. Am 18. August 1893 war die bergtüchtige italienische Königin Margherita mit Liebhaber und Hofdamen, Hunden und Führern, Schlitten und Sänften von Alagna aus auf den Gipfel gekommen, um die nach ihr benannte Hütte einzuweihen. Giampiero nimmt seine Klientel heute mit der Seilbahn auf den Indren-Gletscher und von dort über die Gnifetti-Hütte zu Europas höchster Herberge hinauf. Giampiero, der Himalaya-Erfahrung hat, macht auch die wunderbaren anspruchsvollen Touren hinüber über das Monterosa-Massiv und den Theodulgletscher bis nach Zermatt. Dann gehen und gleiten die modernen Touristen die alten Wege der Walser zurück.

Nera Verzasca.
Hommage an eine schwarze Ziege

Ihre Pupille ist ein Rechteck. Schwarz schaut ein Geißenkopf aus dem Ginster, daneben ein zweiter. Hörner tauchen hinter Steinen hervor wie Zipfel. Mit der steigenden Sonne, die ihr Fell zu einem leeren Glanz löscht, werden die Ziegen weiterziehen, Reihenformationen die Schotterwand des Passo Redorta hinauf. Die Gelassenheit, mit der sie große Höhen überwinden, demütigt jeden sportlichen Ehrgeiz. Abends verschwinden die Tiere hinter den Bergen und kommen in der Morgendämmerung wieder. Sie steigen und fressen auch nachts. Sie sind Kleinwiederkäuer, deshalb lagern sie viel. Halsmuskeln bewegen hinuntergeschluckte Klümpchen von Zerbissenem hinauf. Mit dem Geräusch andächtigen Malmens verschieben sich die Kieferhälften waagrecht gegeneinander. Halten sie inne, bilden ihre Lippen eine Linie der Freundlichkeit. Wenn Ziegen nicht kauen, lächeln sie.
Der Postbus fährt von Locarno am Lago Maggiore über Tenero und Gordola das Val Verzasca hinauf. Vor dem Stausee von Vogorno wachsen noch Agaven und Palmen, dann schraubt sich der Bus durch Tunnel und Kehren in eines der schroffsten Tessiner Bergtäler. Offene Glockentürme, gebaut wie Kamine, halten ihr stumpfes Metall ins scharfe Blau. Das grüne Wasser, das dem Tal seinen Namen (acqua verde) gab, stürzt vom Gebirge und wäscht die hellen riesigen Gesteinsbrocken des Flußbettes aus. Corippo, Lavertezzo, Brione, Frasco, Sonogno heißen Siedlungsetappen in einer

uralten Landschaft aus Gneis und Granit. Reste frommer Fresken an den Steinwänden, der Schwung eines Flügels, ein Marienlächeln erinnern daran, dass die Bewohner dieses Tales des Zuspruchs bedurften.
Aus dem Val Verzasca trieb einst die Not Kinder und Männer fort. Sie verdingten sich zur Sommerarbeit als Schornsteinfeger in Italien, während die Frauen unter dem täglich drohenden Schicksal von Steinschlag und Absturz mit Mühe die gefährliche Alparbeit aufrechterhielten. Im frühen 19. Jahrhundert nahmen viele endgültig Abschied nach der Neuen Welt, die Kalifornien hieß. Wer hier aushielt, dem sicherten zwei Früchte der Erde das Überleben: der unermüdliche Kastanienbaum und ein halb wildes Tier.
Die Nera Verzasca gilt als die robusteste und bergtüchtigste aller Schweizer Ziegen. Noch zwischen schierem Geröll findet sie ein Kräutlein. Ihre muskulöse Eleganz ist sommerlich. Im Herbst wechselt sie das Fell, das nun leicht ins Rötliche schimmert. Unter dem glatten Ziegenhaar entwickelt sich eine kurze dichte Wolle. Sie gibt den im Frühling geborenen Jungtieren, deren kurze Hörner den langen Ohren noch nachstehen, den pausbackigen Charme von Bärchen. Zierliche gemsfarbige Gebirgsziegen erinnern an Rehe; eine Herde Verzascaziegen zeigt, dass das Tier vom Steinbock abstammt.
Auf den absoluten Weiden des Hochgebirges begleitet kein Hirte ihren Weg. Im Herbst gilt nicht mehr die Menschenzeit, nur noch der Rhythmus des schwarzen Kollektivs. Die Nera Verzasca ist die einzige Zuchtziege, die monatelang als Nomadin durch die Berge streift. Die Weibchen dürfen jetzt nicht mehr gemolken werden, sie sind trächtig. Die Böcke bleiben solitär; sie besuchen die Gemeinschaft der Geißen nur manchmal, wenn sie wittern, dass eine noch nicht aufgenommen

hat. Wenn der Schnee so hoch liegt, dass die Bäuche Spuren pflügen, werden die Tiere heruntergeholt. Sie sollen in den Ställen gebären. Da die Nera Verzasca zur Zeit der Paarungsbereitschaft halb wild bei den Hochalpen lebt, kennt der Züchter paradoxerweise zwar die Gruppe der Böcke, aber nie den einzelnen Vater. Nur die Mutter ist sicher.
Gabriella Scettrini, 62 Jahre, steht strahlend unter einem Regenschirm vor der Kirche von Corippo. Die Frequenzen des Postbusses sind ein Gerüst ihres Tages. Im Nieselregen führt sie durch silbergraue Steinstraßen, die mit den mörtellos geschichteten Häusern aus Granit nur Ausstülpungen der Felsen zu sein scheinen. Vor ihrer Tür steht eine Kiste Kastanien, eine zweite voller Walnüsse. In der kleinen Wohnküche ist es warm. Augusto, 71 Jahre, steht am Fenster und raucht. Er habe zu stark eingeheizt, sagt Gabriella. Er sei krank, erwidert Augusto. Das komme, sagt Gabriella, weil er immer zu stark einheize. Augusto zündet sich die nächste Zigarette an. Der Rauch läuft über die Fensterscheibe und mischt sich nicht mit dem Nebel, den draußen der Wind durch die Steine zieht.
Einmal hat er von den Ziegen gelebt, wie sein Vater und die Väter seiner Väter. Eine solche Laufbahn beginnt als barfüßiger Hirtenjunge, der sich mit anderen darum streitet, wer morgens die Füße in den frischen Kuhfladen wärmen darf. Später besaß er 40 Ziegen; heute sind es 16. Das reicht, mit der Rente. In Corippo ist er der Letzte, der noch Nera Verzasca besitzt. Die Vorletzten sind Michele und Flavio in Sonogno und in Brione Pascal. Wer heute Ziegen hat, nimmt lieber Saanenziegen oder die gemsfarbigen Gebirgsziegen. Sie lassen sich ohne Hörner züchten und wie Kühe im Stall halten. Eine Ziege sei ein Leistungstier, sagen die Jungen und legen ihr das Heu vor. Für die Alten waren

Ziegen Nutztiere, harte Selbstversorger, denen man zweimal im Jahr die Zähne stumpf schliff, damit sie im Hunger nicht an die Bäume gehen konnten. In Corippo, wo die Wiesen Steilhänge sind, ist Heu ein kostbares Gut. Auch ein vergangenes Gut. Viele Wiesen sind wieder Wald geworden, weil sie niemand pflegt. Im Dorf gibt es noch ein Kind. Und kein Lebensmittelgeschäft. Wenn die fahrenden Händler über Corippo kommen, läuten sie die Kirchenglocken, damit man weiß, dass es etwas zu kaufen gibt.
Wie ihre Ziegen waren die Hirten lokale Nomaden, die mit dem steigenden Jahr auf immer höheren Alpen lebten. Nach der Melkzeit, Mitte September, ließen sie die Tiere bis zum großen Schnee frei. Gabriella zieht die Strickjacke aus und schiebt, Augusto kurz fixierend, die Pulloverärmel hoch. Der Morgen begann um 5 Uhr mit Rufen und Pfeifen. Kommen die Ziegen oder kommen sie nicht? Man kannte jede einzelne an Horn, Ohr, Auge, Euter, und jede hatte einen Namen: Negra, Colomba, Motorro (die war wie ein Stier) oder Lagrima, auch Maria oder Regina, Balzora (die hatte Freude am Springen) und Corno oder Cornorotto (die mit dem gebrochenen Horn) und Testom (die mit dem großen Kopf) und Tabalek, Maminn (die Mama) oder Mok. Die Geißen wussten genau, wie sie heißen. Die Kleinen, die zum ersten Mal auf der Alp waren, lockte man mit rotem Salz, damit sie lernten, dass sie kommen müssen. Und den Bravsten, die es schon wussten, band man eine Glocke mit dem Lederband um den Hals. Die größte Glocke erhält immer die Geiß, die kommt, wenn man ruft. Die anderen laufen ihr dann hinterher. Aber wenn sie nicht wollen, stellen sie sich taub. Sie bleiben zum Trotz still und legen ganz vorsichtig den Hals mit der Glocke auf den Boden. Wenn eine Geiß nicht brav ist, nimmt man ihr die Glocke wieder weg. Es gibt

Hexen unter den Geißen, denen man mit dem Milchkübel eine Stunde lang nachsteigt. Und es gibt andere, die stehen geduldig da mit zwei prallen Eutern, wie hängende Früchte. Die stampfen nur auf gegen die Fliegen und zeigen ihr waagerechtes Schwanzwedeln. Die Hirten zogen nicht nur von Alp zu Alp, sie wechselten auch zwischen Alp und Tal, um das Heu einzubringen oder den Alpkäse zu verkaufen. Nicht alles, was sie anboten, würden sie für sich selbst auch beansprucht haben. Ihre Küche war der Kupferkessel über dem Feuer, abwechselnd gefüllt mit Polenta, Minestrone, Patate. Und es war immer zu wenig, sagt Augusto, als formuliere er sein Lebensmotto. 1952, er war fast schon ein Mann, kostete er erstmals Ziegenfleisch. Die Gitzi wurden hinunter in die Ebene verkauft. Ganz früher trugen Hirtenkinder sie auf dem Arm bis Locarno, später kam einer aus Gordola mit dem Fahrrad und einem Tragegestell auf dem Rücken und holte das Fleisch ab. Eine Ziege kann 8 Jahre alt werden und ist immer noch essbar. In den 60er-Jahren begann Augustos Vater, pro Jahr eine Geiß in einem Fass einzusalzen. Von diesem Familientier wurde sonntags ein Stück abgeschnitten, gewaschen und als Siedfleisch gekocht. Augusto schaut seine Hand an und ballt sie zur Faust. So groß, sagt er und hebt sie hoch, war dieses Stück. Dann dreht er sich um und raucht wieder dem ziehenden Nebel zu.

Wer von einem halb domestizierten Tier Milch möchte, muss während der Melkzeit dessen Leben in den Bergen teilen. Er nimmt günstigerweise Leihziegen oder Leihkühe mit, von Bauern, die selbst nicht auf die Alp gehen. Auch Schweine werden ihn begleiten (sie werden fett von der Molke, die bei der Käserei übrig bleibt) und Hühner, die die Abfälle fressen und ihm etwas Frischfleisch garantieren, sowie Katzen für die Mäuse und einige solide Hütehunde. Wer im oberen Verzascatal lebt, hat Alpen auf über 2000 Metern und bedient sich heute teurer Helikopterflüge. So werden die kleinen Ferkel im Frühsommer in einer Kiste hinaufgeflogen. Wenn sie im Herbst dann dick geworden sind, müssen sie selbst herunterlaufen. Für den Weg ins Dorf, den die Hirten zu Fuß alleine in zwei Stunden bewältigen, brauchen sie mit Kühen acht, mit Schweinen zwölf Stunden. Schweine darf man nicht jagen, denn sie haben ein kleines Herz. Und sie sind häuslich. Aber wenn die Hirten sie vom Stall weggelockt haben, verlieren sie schon nach einigen Metern die Heimatorientierung und kommen melancholisch rüsselnd nach.

Während die Kinder, die im Verzascatal bleiben wollen, lieber Waldpfleger werden, als das Tier der Armut zu hüten, steigt die Nachfrage nach der schwarzen Robustziege in Italien. In der Ursprungsregion Tessin sind noch 2000 Nera Verzasca im Herdenbuch der Zuchtgenossenschaft eingetragen; im Gebiet um Luino gibt es dagegen bereits über 1000 der schwarzen Ziegen. Man nutzt dort die Gelder der EU und macht Reklame für einen reinen Käse aus einer besonderen Milch. Die Nera Verzasca gibt zwar während ihrer Laktationszeit nicht 740 Liter Milch wie die komfortablere Saanenziege, sondern nur etwa 400 Liter; ihre Milch ist aber viel fetter. Die Tessiner Hirten erhalten immer häufiger Nachfragen aus Deutschland, etwa aus dem Schwarzwald, wo die Nera Verzasca bereits gezüchtet wird.

Das Tier aus der radikalen Welt von Gneis und Granit hat im milderen Tessin des Sottoceneri Züchter gefunden, die die Richtlinien von Bio Swiss befolgen und Nera Verzasca selbst im Winter in einer kleinen Freiheit halten können. Traditionell wird die wilde Ro-

bustziege mit den starken Hörnern während ihrer winterlichen Stallzeit an die Kette gelegt. Im Valle Capriasca aber, oberhalb von Tesserete, wo die Berge zwar hoch sind, aber sanft ansteigen und das Licht schon italienisch ist, hält man Nera Verzasca in hellen offenen Ziegenställen. Sie haben freien Zugang zu einem Gehege, etwa einem Kastanienhain. Und da ihnen das gefällt, fangen sie nicht an, sich gegenseitig aufzuspießen.
Genau genommen hatte Renzo Rezzonico nicht gewusst, was eine Ziege ist. Der heute 52-jährige ist nicht Sohn eines Hirten, sondern gebürtiger Luganer, Architekt von Beruf. Angesichts von quälender Büroarbeit bei drohender Arbeitslosigkeit hatte der junge Intellektuelle auf dem Hof eines Freundes, umringt von neugierigen Bernsteinblicken, ziemlich schnell begriffen, dass es möglich sein würde, etwas anderes zu versuchen. Und zwar mit diesem Tier. Das ist jetzt zwanzig Jahre her. Seine Frau Ivana, medizinisch-technische Assistentin, war einverstanden, und der kleine Sohn Aaron konnte sein Glück nicht fassen. Die Familie kaufte in Bidogno einen winzigen Stall und sieben Nera Verzasca. Im zweiten Winter kauften sie den zweiten kleinen Stall. Im Frühling wurden sieben Gitzi geboren. Sie kauften 15 dazu, da hatten sie schon 30. Bald kauften sie Kühe, um das ganze Jahr Käse machen zu können. Sie hatten sich zu einer Arbeit entschlossen, deren Dynamik sie nicht kannten, die sie aber gewillt waren zu lernen: den Kreislauf von der Geburtshilfe im Januar, die Hände in Olivenöl getaucht, wenn es galt, ein Zicklein im Mutterleib zu drehen, bis zur Bedienung des Bolzenschussgeräts beim Töten im Dezember. Und dazwischen das kleine Einmaleins von Heu, Milch und Mist. Sie lernten das Entbeinen der Ziege und die Geduldsarbeit des Entfettens, denn für

die begehrten Salametti braucht es allein magerstes Ziegenfleisch, dem das schmackhaftere Schweinefett zugesetzt wird. Sie wendeten Ziegenschenkel in Rotwein, um Trockenfleisch zu präparieren. Sie wollten ein freieres Leben, ohne Gesetze, aber die Gesetze, die die Subventionen bringen, haben sie eingeholt. Heute gibt es Zettel für Wiesen und Zettel für Ziegen, Zettel, die die Tage auf der Alp festhalten und die geborenen Gitzi und die gemolkene Milch. Ein freier Hirte unterhält auch ein Büro.

Diesen Herbst kommt die Kälte früh, sagt Ivana und geht mit einem Rechen die gefallenen Kastanien durchs Laub kämmen, damit ihre grüne Igelhaut abspringt. Es sind so viele Kastanien, dass sie kübelweise den erfreuten Schweinen gefüttert werden. Die braunen Kerne sind noch leicht überfroren. Marrons glacés, sie lacht. Renzo steigt ins Auto zur wöchentlichen Ziegenkontrolle. Die Straße führt bis zur Schutzhütte unterhalb des Monte Bar. Er sieht die Ziegen schon von weitem, ein winterliches schwarzes Sprengel über dem ersten Schnee. Er tritt auf die vereisten Gräser wie auf brechendes Glas. Das Land unter ihm liegt noch im Nebel, der Himmel über ihm ist blau. Renzo steigt. Er steigt einem Scherenschnitt entgegen, schwarze Leiber unter einem Strahlenkranz von Hörnern und Ohren. Als er ruft, wenden die Ziegen die Köpfe. Sie zeigen Aufmerksamkeit mit den leicht beweglichen Ohren. Einige kommen ihm entgegen und reiben ihre breiten Wangen an seinen Beinen. Andere bleiben wie große schwere Hunde mit aufrechtem Rücken auf den Hinterbeinen sitzen, als bewachten sie das Tal, wo sich im aufreißenden Nebel die dunkle Fläche des Lago di Lugano zeigt. Dort unten führen erlesene Mütter ihre Kinder in den neuen Wintermänteln über die Promenade und zeigen ihnen die leeren, angebundenen Boote, Relikte eines wunderbaren Sommers, der nun vorüber ist. Mit einer Tüte heißer Kastanien begrüßen sie den kommenden Winter und wissen nicht, dass über ihnen in den Bergen schwarze Ziegen aufmerksam kauen. Wenn sie nicht lächeln.

Bretonischer Algenzauber

Für vier Tage wird die Pensionistin Claudine Letieque ihren Garten mit den rosa blühenden Hortensien, dem schmalen Artischockenbeet und den Rabatten fett schießender Petersilie verlassen und ihre gärtnerische Lust auf andere Felder richten. Für vier Tage zieht es Mme. Letieque dahin, wo fremder Boden schon üppig bestellt ist. Die Küstenkalender notieren die Zeit der Großen Ebbe, und Claudine Letieque gehört zu jenen Frauen, die im Dorf Pleubian im Norden der Bretagne den »Petit Goémon«, das kleine Algensammeln, organisieren. Während seltener Tage, einmal jeden Monat und nur im Sommer, weicht hier das Meer so weit zurück, dass für gezählte Stunden jene Algenfelder freiliegen, die sonst zehn Meter und tiefer unter Wasser fließen. Dann ziehen zweitausend Bretonen auf den Meeresgrund.
Algenpflücker sind gerüstet: alte feste Schuhe, nicht zu schade für das Salzwasser, Gummihandschuhe zum Abbrechen und Ausrupfen der Algenschwämme und einen Sonnenschutz. Mme. Letieque hat ihre Truppe mit den gelben Netzsäcken versehen, wie sie in diesen Tagen überall an der Küste bis in den Westen des Départements Finistère weitergereicht werden. Und während nun sportliche Hausfrauen, sommersprossige Kinder und rauchend flirtende Jugendliche sich wechselseitig helfen, das ihnen zugeteilte Reservoir an Netzen mit einer Schnur um die Taille zu binden, schiebt Mme. Letieque die Schirmmütze in die Stirn

und fixiert den schwindenden Streifen am Horizont: Es ist Zeit, dass der Traktor kommt.

Sie fahren gut zehn Kilometer hinaus, dem Meer hinterher. Rechts und links der Spur sind flache Seen zurückgeblieben, die in der Mittagshitze daliegen wie matte Opale. »Gleich sind wir in England«, schreit ein Kind, als sei kein Wasser mehr im Ärmelkanal. Ein schwarzer Hund ist gefolgt und rennt und schwimmt um den Traktor herum, der nur langsam vorwärts kommt, im Sand stecken bleibt, röhrend weiterschwankt. Und endlich hält.

Und als seien sie Amphibien, lassen sich die Pflücker ins kalte Wasser gleiten und beginnen ihr großes Waten, schleppend in Jogginghosen, Blumenschürzen, mit nackten Beinen, in Jeans. »Bleibt bloß zusammen! Passt auf, dass ihr den Traktor noch seht!«, hatte die Pensionistin noch gerufen und war schon hinausgezogen in die flache Flut, ihre leeren Säcke jetzt an der Schnur auf dem Wasser hinter sich herführend, nass gespritzt schon bis an den Ansatz ihrer Brüste, ein entschlossener Seewolf.

Algen zu pflücken ist entschieden anders als das Sammeln von Heidelbeeren. Wenn dort der Blick zwischen fein konturierten grünen Blättern die kleinen Früchte einzeln unterscheiden muss, taucht er hier ein. Die Hand greift in ein schwimmendes Ensemble sich mischender Farben: das blasse filigrane Rosa einer Rotalge, das scharfe Grün der dünnblättrigen Ulva, das gelbliche, ledrige Grün mit eingelagerten Schwimmkörperblasen der zähen Serratus, das Altrosa der meterlangen bärtigen Sargassum, das oliv glänzende der fahnenlappigen Laminaria. Eine Seeanemone steckt ihre napfigen Saugarme aus; ein Krebs traversiert die Sandpassage zwischen zwei Steinen. Etwas phosphoresziert blau im irritierenden Glanz der zitternden

Wasseroberfläche. Die Hand greift zu. Und packt in der blinden Welle von aufwirbelndem Sand die richtige Ernte.

Die Bretonen nennen sie »Lichen«, Flechte. Anderswo ist Chondrus crispus auch als Irisch Moos bekannt. Es ist eine der 800 Algensorten der bretonischen Küstengewässer, eine von 12 Algenarten, die in Frankreich für die menschliche Ernährung zugelassen sind. Im Wasser ist es ein flaches Bäumchen, rot am dünnen Algenstamm und in den dickeren Verästelungen, grün da, wo sich der Algenkörper nach oben zu einer Krone kräuselt. Mit einem Knacken bricht es ab. Was jetzt schlapp und tropfend in der Hand liegt, riecht nach frischen Steinpilzen.

Es gibt, zur Freude der Pflücker, Meeresfelsen, die ganz mit Lichen überwachsen sind, dann wieder blitzen unter der breit schwimmenden Sargassum oder bei Kolonien von Fucus serratus nur wenige kleine Lichenkörper auf. Wie alle Makroalgen leben Lichen vom Licht. Ihre Wurzeln dienen nur dazu, sich an Steinen festzuhalten. Dann gedeihen sie schwimmend, auf komplizierte Weise mit Hilfe von Chlorophyll und Pigmenten sich selbst produzierend aus Wasser, Stickstoff und gelösten Spurenelementen. Sie leben in einem Zwischenbereich von Meer und Land und erinnern daran, dass am Anfang jeder terrestrischen Lebensweise die Alge war.

Dann ist das Meer verschwunden und keine Küste mehr zu sehen. Nur Steine, Formationen von Steinen, nassschwarz oder mit braunen und gräulichen Algen überlappt oder grünlich glitschig, zäh. Niemandsland mit Pflückern, die darin herumkrabbeln und rupfen und in seltsame gelbe Netze stopfen unter einem Himmel blau wie Metall. In kleinen Kuhlen zucken Fische, die das Meer verpasst haben und sterben langsam.

Zwischen absoluter Ebbe und beginnender Flut zählen die Küstenbewohner etwa zwanzig Minuten des Innehaltens. Dann kommt das Meer zurück. Noch bevor Mme. Letieque es sehen kann, wittert sie es. Sie hört den Ton der nahenden Flut; sie spürt eine Unruhe des Bodens, lange bevor ein wenig dunkler Algenschleim im Sand wieder in Bewegung gerät, rosa wird und korallenschöne Blume.

Endspurt. »Liliane travaille!« Arbeite mein Kind! Der Hund beobachtet stutzend, wie das Wasser wieder über seine Pfoten steigt. Liliane zieht einen nassen Sack voller Lichen über den Sand zum Traktor. Sie schultert ihn, »o c'est lourd«, reißt die blauen Augen auf und genießt erschreckt, wie ihr das salzige Abtropfwasser über den Rücken läuft. Während ehrgeizige Pflückerinnen nun nochmals im Tempo zulegen, lehnen jugendliche Schönheiten im Badetrikot schon am Traktor und halten nur noch lässig ihre Gummihandschuhe in der Hand. Ein Junge hat sich flach hingelegt, ist Stein, Fisch, Alge, mit geschlossenen Augen in Wind und Sonne, im Wasser, das in die Jeans kriecht, in das T-Shirt und steigt und steigt. »Beeilt euch«, ruft der Seewolf. Der Traktor ist losgefahren. Die Letzten greifen noch in die Lichen und ziehen dem Wagen nach, ein buntes watendes Gefolge. Bei einer Sandbank können sie aufsteigen, und es fahren davon: 100 Säcke Chondrus crispus und auf ihnen, festgeklammert und ineinander verhakt, zwei Dutzend Algenpflücker, die müde und sonnengerötet nun ihre Vesperbrote auspacken. Daneben bellt bettelnd ein nasser Hund.

Eine gute Pflückerin erntet in den raren vier, fünf Stunden 150 Kilo Lichen, sie verdient damit etwa 80 Mark. Mme. Letieque wird sie in ein paar Tagen auszahlen, wenn die mit Stofffetzen gekennzeichneten und später mit Namen versehenen Säcke die Fabrikkontrolle durchlaufen haben. Die Pensionistin arbeitet für Sanofi, einen der führenden Algenkonzerne der Bretagne. Mit ihren Pflückern trägt sie dazu bei, dass hier jährlich etwa vier- bis fünftausend Tonnen Chondrus crispus in Handarbeit geerntet werden. Das ist ein Siebtel der Menge, die Sanofi verarbeitet. Den Hauptteil importiert der Konzern von den Philippinen, aus Korea und Chile, wo artverwandte Rotalgen wachsen. Weltweit gilt Frankreich als der zweitgrößte Produzent von Carrageenan, einem von drei Algenextrakten, von denen Mme. Letieque vermutet, dass sie in diesen modernen Zeiten schon überall drinstecken.

Wer kocht noch selbst Vanillepudding, der erkaltend eine dicke Haut bekommt, runzelig wie eine Kindheitserinnerung? Die zartere Zukunft steht löffelfertig in den Regalen: das cremige Milchdessert, das stürzbare Gel. Sie geben schaumigweich nach oder haben feste Konturen. Mit Algen sind Konsistenzen kontrollierbar.
Aus Algen können Kolloide extrahiert werden, Stoffe, die in Lösungsmitteln (etwa Milch oder Wasser) dickflüssige oder zähe Verbindungen eingehen. Mit ihnen lassen sich gallertartige Produkte von fein abstimmbaren Körpereigenschaften herstellen. Sie sind ideale Gelier-, Binde-, Gleitmittel und Stabilisatoren und eignen sich als geschmacksneutrale diskrete Trägersubstanzen. Ihre nuancenreichen Verwendungsmöglichkeiten sind traumhaft, ihre Kennzeichnungen schlicht: E 401 bis E 405 für die Alginate, E 406 für Agar und E 407 für Carrageenan.
Wer heute den Mund öffnet, um sich die Zähne zu putzen, wer sich die Haare shampooniert und die Wangen cremt; wer Zeitung liest, Marmelade, Joghurt oder Streichkäse isst; wer bunte Kleider trägt und pho-

tographiert oder schreibt; wer eine Pille schluckt oder seine Hühner füttert oder dem Hund die Fleischkonserve reicht; wer dann ein blutstillendes Spray braucht oder ein Mittel gegen den Brechreiz, selbst wer klaren Wein trinkt, wer sich den Bierschaum von den Lippen leckt oder wer nur bescheiden zum Wasserhahn geht, aus dem aufbereitetes Trinkwasser strömt – der hat vermutlich mit Algen zu tun.

In Frankreich verbessert ein Algenmehl die Konsistenz des Brotes und die Haltbarkeit der Wurst, deren Fettgehalt die Alge zu verringern hilft. In Amerika glänzen künstliche Zwiebelringe auf künstlichen Steaks, geschaffen aus vegetarisch alginem Gel. Deutschland hält sich hier eher zurück, abgesehen vielleicht von der falschen Kirsche auf der Schwarzwälder Torte.

Am Anfang der Algennutzung war das Wort »Goémon«. Es ist bretonisch und heißt wörtlich: Dung. Die Felder der bretonischen Halbinsel waren immer steinig, und was lag den Bauern näher, als dass sie das, was das Meer anschwemmte, vom Strand einsammelten, um es auf die Felder zu werfen. Möge es dort trocknen, dieses gemischte klebrige Kraut, verfaulen, zerfallen. Was daraus werden würde, konnte nur besser sein als der nackte Stein. Und dann experimentierten sie ein bisschen, verbrannten auch Algen und erkannten, dass sich so Kalziumkarbonat, Pottasche, gewinnen ließ, ein Stoff, den die Glasindustrie brauchte zur Herstellung von Kristallgläsern. So wurde im 18. Jahrhundert der bretonische Dung zum Wirtschaftsfaktor.

1811 entdeckte der französische Seifensieder Courtois den hohen Jodgehalt der Braunalgen; in der Bretagne schossen Jodfabriken aus dem Boden, die bis in die dreißiger Jahre unseres Jahrhunderts arbeiteten. Die

Erschließung billigerer Jodquellen, etwa des Chilesalpeters, ließ sie nicht weiter rentabel sein. Die modernen Zeiten der Alge aber begannen im Jahr 1881, als ein Brite, der ein Verfahren zur Goldgewinnung entwickeln wollte, aus Braunalgen Alginat extrahierte. Ein Ende von Edward Stanfords Entdeckung ist nicht abzusehen. Im Unterschied zum Rotalgenextrakt Carrageenan ist das Braunalgenextrakt Alginat in weit größeren Mengen zu haben und auf vielfältigere Weise einzusetzen. Es findet Anwendung nicht nur – wie Carrageenan – in der Nahrungsmittelindustrie, der kosmetischen und der pharmazeutischen Industrie, sondern auch in der Papier- und Textilindustrie und in anderen technischen Bereichen bis hin zur Herstellung von Elektroden. In Frankreich werden jährlich siebzigtausend Tonnen Braunalgen geerntet. Es liefert damit etwa 7% der Welternte. Da es aber auch Braunalgen importiert, kann es 10% der jährlich weltweit produzierten dreißigtausend Tonnen Alginat herstellen.

Jean François Rocher, 44 Jahre, Braunalgenfischer, hat andere Zahlen im Kopf. Mit einem Spezialboot erntet er die Laminaria digitata, die ergiebige braune Lieblingsalge der Alginatindustrie. Wenn sich Jean François Rocher auf den Weg macht, die Küstenstraße entlang, von Plouguerneau zum Hafen Aber Ildut, vorbei an Porspoder, wo der Leuchtturm die Wasserscheide zwischen Ärmelkanal und Atlantik markiert, dann kann es sein, dass er kurz seine persönliche Arbeitsbilanz überschlägt. Die Bretonen gelten als fleißig und sparsam. Und die wahren Bretonen sind die Bretonen des nördlichen Finistère. Nicht weil die Sonne hier im Sommer erst gegen Mitternacht untergeht; Fischer wie Jean François Rocher arbeiten, wenn das Meer es will, auch nachts. Bis zu dreißig Tonnen fasst sein Boot. Bei einem Tonnenpreis von 340 Francs liegt sein maximaler Bruttoarbeitslohn für einen 14- bis 15-Stunden-Tag bei etwa 3000 Mark. Wenn alles sehr gut geht. Jean François Rocher ist selbständig. Wie Mme. Letieque arbeitet er für Sanofi in Lannilis, aber auch für Solbag, die zweitgrößte Alginatfabrik in Landerneau. Er bezahlt und unterhält ein elf Meter langes Boot, das bei der extremen Beanspruchung nicht lange hält. Und er arbeitet mit hohem Risiko. Letztes Jahr sind vier Algenboote bei der Arbeit zerbrochen, zwei Fischer kamen dabei ums Leben.

Jean François Rocher macht seine Arbeit seit 30 Jahren: von Mai bis September Laminaria-Saison, im Winter Fische, Langusten oder Coquille St. Jaques. Da ist er dann 36 Stunden draußen, eine Nacht zu Hause, dann wieder 36 Stunden auf dem Meer.

In einer halben Stunde wird er am Hafen sein, das Schiff losmachen und eine gute Stunde hinausfahren, Richtung Molène, der Insel, auf der er geboren ist. In dieser Meeresgegend kennt er jeden Fels. Hier fährt er bei ablaufendem Wasser bis kurz vor volle Flut die Algenfelder ab. Stehend bedient er sechs Schalthebel und horcht auf den sich ändernden Ton des rotierenden hydraulischen Greifers. Ein Spiel seiner Finger und der 10 Meter lange dreigliedrige Arm, der unten in einer Metallsichel ausläuft, taucht ein in die grüngraue Flut und sucht rotierend Unterwasserwälder. Wenn es hell klingt, sind keine Algen auf dem Grund. Wenn es dumpf klingt, ist er richtig. Jean François Rocher dreht den gesenkten Maschinenarm weiter ein wie einen Korkenzieher, lässt ihn vorsichtig aus dem Wasser kommen und prüft die Beute. Hat er Glück, hängen zweihundert Kilo dran, hat er Pech, sind es zwei. Oder es sind die falschen Algen. Die Alginatfabriken wollen die echte, wollen Laminaria digitata,

die langfingrige, hochprozentig alginathaltige, die mit dem biegsamen Stiel. Nicht die kürzere sprödere Laminaria hyperborea oder gar Sargassum oder die dünnen Meeresspaghetti oder Steine. 15% Fehlalgen werden akzeptiert; sind es mehr, gibt es Diskussionen am Hafen und Ärger und weniger Geld.
Er sieht durch das salzwassergraue Glas seiner Kabine. Mit einem Blick erkennt er den Fang. Sind es die falschen Algen, versetzt er den Dreharm in ein heftiges Schütteln, sodass sie gleich wieder abfallen. Eine gemischte Beute lässt sich durch geschicktes ruckartiges Ein- und wieder Ausdrehen veredeln. Nur die echte Laminaria hat meterlange bandförmige Algenkörper; was kürzer ist, rutscht ab. Der fette Fang wird behutsam aus dem Wasser gehoben, über den Schiffsrumpf lanciert und so zügig ausgedreht, dass das Licht sich in dem Wasser sprühenden Wirbel zu kleinen Regenbogen bricht. Dann liegt die schwere Masse an Deck, grün glänzend wie das Öl von Oliven. Die Stelle war gut, der Metallarm taucht ein, sucht weiter mit schmatzendem Ton.
Ist die Alge aus dem salzigen kalten Meerwasser herausgerissen worden, läuft ein Countdown. Außerhalb ihres Milieus verdirbt sie innerhalb von 48 Stunden. Während der Erntesaison arbeiten Alginatfabriken rund um die Uhr. Schon bevor die ersten Algenboote zurückkommen, stehen die mausgrauen hohen Laster von Sanofi und Sobalg wartend am Kai. Sie löschen die Algenfracht und bringen sie in die Fabrik, wo ein Teil sofort verarbeitet wird, ein anderer nach einem konservierenden Formalinbad in riesige Winterlager kommt.

Der Weg von der Alge zum Alginat lässt sich in Hallen abschreiten. Es ist ein Weg kontinuierlicher Reduktion.

Von einer Tonne Frischalge werden 35 bis 40 Kilo Alginat bleiben. Die Alge wird zerkleinert, und dann ändert sie ihre Beschaffenheit in wechselnden Bädern. Ein Säurebad trennt all ihre löslichen Inhaltsstoffe. Was frischer Algenschnitt war, wird farbloser Teig. Im nächsten, luftdurchströmten Bassin schwimmt obenauf schon die Zellulose. Die schaumige Brühe läuft durch verschiedene Filteranlagen, bis nur noch die alginathaltige Lösung bleibt. Durch Zusatz von Salzsäure kann nun die feste Alginsäure ausgefällt werden. Die liegt am Ende auf einem Abtropfgitter, hell und pappig. In Trommeln wird sie getrocknet und gepresst, und dann quillt sie bröselig aus kleinen Löchern: reinste Alginsäure E 400.

Durch Neutralisation und Mischung werden die fünf standardisierten Alginate gewonnen: E 401 Natriumalginat; E 402 Kaliumalginat; E 403 Ammoniumalginat; E 404 Kalziumalginat; E 405 Propylenglycolalginat – weiße Säcke, hunderte von weißen Säcken, die auf verschiedene Feinstufungen gemahlene, heimliche und unverzichtbare Basis für 250 Endprodukte. An kleinen Schildern tragen sie die Namen ferner Länder. Das balinesische Hüfttuch wie die Schweizer Tafeldecke werden mit Farben bedruckt, die ihre Viskosität der bretonischen Alge verdanken.

Pierre Arzel ist Algenforscher und Ethnologe. Er arbeitet für »Ifremer« in der Nähe von Brest, ein Institut, das mit CEVA (»Centre d'Etude et de Valorisation des Algues«) in Pleubian und CNRS (»Centre National des Recherches Scientifiques«) in Roscoff zu den drei wichtigsten französischen Algenforschungsstätten gehört. Durch Satellitenbilder und einfache Luftaufnahmen lassen sich Karten erstellen, mit denen das natürliche Algenvorkommen beobachtet werden kann. Während der Großen Ebbe besuchen Biologen in direkter Feldforschung einzelne Küstenabschnitte und überprüfen und verbessern diese Karten. Solche Inventarisierungen haben gezeigt, dass sich die Laminaria digitata nach dem sommerlichen Abrupfen gut regeneriert. Viele Algenfelder bleiben zudem unzugänglich. Sie sind an der zerklüfteten Küste durch Felsen so geschützt, dass die umständlichen großen Boote sie selbst mit den langen Greifarmen nicht erreichen. Und da die Algenernter im Winter vom Fischfang leben, haben sie kein Interesse daran, die flutenden Unterwasserwälder, Nahrungskammern, Brutstätten und Schutzräume der Fische ganz zu zerstören. Sie arbeiten mit den Wissenschaftlern zusammen. Sie geben an, wann sie in welchem Abschnitt wie viel geerntet haben, und Pierre Arzel trägt ihre Daten ein, bis manche seiner Karten aussehen wie Schnittmuster eines komplizierten Kostüms.

Da Frankreich für seine Alginatindustrie Algen importieren muss, versucht es, die eigene Algenernte zu steigern. Man denkt an die Erschließung von Algenfeldern im Süden der Bretagne, wo erst ein Zehntel der Ernte des Finistère erreicht wird. Die große Zukunft der Alge aber liegt in der Zucht. Ostasiatische Meereskulturen zeigen schon lange, dass das Meer sich bestellen lässt. So blubbern in bretonischen Laboratorien Algen im Aquarium, in rotem Licht, in blauem Licht, in Kühlräumen und Freilichtbassins. Und eifersüchtig werden mögliche Ergebnisse wechselseitig beobachtet. Sanofi, hört man, sei es gelungen, wirtschaftlich relevante Mengen von Chondrus crispus in Becken mit Wasserumwälzvorrichtungen zu züchten. Und bei CNRS ist man dabei, durch Genmanipulation eine Laminaria digitata zu entwickeln, die der wilden an Alginat- wie an Jodgehalt weit überlegen ist und zudem noch schneller wächst. Pierre Arzel hat nicht viel Zeit. Er redigiert einen Vortrag, den er auf einem internationalen Algensymposium in St. Malo halten wird. Thema: Welcher Alge gehört die Zukunft? Dann wird er seine kanadischen, amerikanischen, japanischen, chilenischen, norwegischen, spanischen und portugiesischen Kollegen an einige Stellen der bretonischen Küste führen und Reste von Jodfabriken zeigen und andere Relikte der verschwundenen Algenindustrie. Er hat ein schönes Buch geschrieben: »Die Algenernter«, illustriert mit Photographien aus Familienalben, Postkarten, Handzeichnungen. An der Bedeutung der Algen für die Küsten- bewohner erzählt er ein Stück bretonischer Geschichte aus dem Finistère, dem Ende des Kontinents, seiner eigenen letzten Welt.

Die Alge ist auf der Höhe der Zeit. Es sind die Pariser, die in die Bretagne kommen und ein Monatsgehalt bezahlen für eine Woche in einem Thalassotherapiezentrum in Roscoff, in Quiberon, in St. Malo. Sie kommen aus Müdigkeit, aus moderner Müdigkeit, für eine »Mise en forme«. Das ist schwer ins Bretonische zu übersetzen. Sie ertragen Algengesichtsmasken und Algenpackungen im Schulterbereich und Bewegungsgymnastik im warmen infrarotbestrahlten Meerwasser. Sie halten Algendiäten ein. Rochen mit Algengemüse, Muscheln in Ulva, dem Meeressalat, Hummerscheren auf Fucus serratus und in der Fischsuppe ein Hauch von Wakame, der japanischen Alge, die auf der Insel Ouessant gezüchtet wird. Der Toast darf mit Algenkonfitüre genossen werden und die jodhaltige Liegekur bei geöffneten, dem Meer zugewandten Fenstern mit der neu entwickelten Algenlimonade »Seatonic«. Die bretonischen Hausfrauen kennen das schon. Algenfabriken veranstalten regelmäßig Testessen. CEVA lädt gerne Schulkinder ein. Die mögen die »Meeresspaghetti«, Himanthalia elongata, eine längliche grüne Alge, die Frankreich bereits als französische Delikatesse nach Japan exportiert unter dem Produktnamen »Haricot de mer«, Meeresbohne. Aber auch wenn die internationale Avantgarde Alge speist, bleibt für die Bretonen der Weg vom »Goémon«, vom Mist, zur Mousse manchmal noch ein wenig schwer.

Am Rande des Sillon de Talbert, einer Landzunge, die mit einer dreieinhalb Kilometer langen Sandstraße bei Pleubian ins Meer hineinführt, steht Patrice Taupin, 37, mit kniehohen Gummistiefeln und nackten Oberschenkeln in einem Algenfeld und sticht mit der Mistgabel in die Masse zu seinen Füßen. Sein silberner Ohrring blitzt. Was er mit den Zinken aufnimmt, fliegt im Bogen auf den Anhänger seines Traktors. Hier stapelt sich keine hochwertige Algenselektion. Patrice Taupin macht kein »Petit Goémon«. Patrice Taupin ist »Goémonier«, wie einer Bauer ist, das ganze Jahr über, bei Wind und Wetter und jeder Ebbe. Er nimmt das, was angeschwemmt wurde, und die Algen, die nahe am Strand wachsen, Fucus, Ascophyllum, zäh, ledern, ein paar Rotalgen, die eine oder andere Laminaria. In Pleubian leben 10 Familien von dieser Art Arbeit. Patrice hat mit 12 angefangen, damals zusammen mit seinem Großvater; seinen Vater kennt er nicht. Heute ist ein guter Tag, denn der große Gezeitenwechsel bringt genug Strandgut; an anderen Tagen greift er zur Sichel, die vorne im Traktor steckt und schneidet die Algen von den Steinen ab. Die Ladung auf seinem Anhänger dürfte bald die maximale Höhe von drei Metern erreicht haben. Die grünen und braunen Algen hängen lappig herunter wie das zottelige Fell eines alten Tieres. Gleich fährt Patrice Taupin zurück auf den

Sillon, wo er die Algen ablädt und zum Trocknen ausbreitet. Pro Tag macht er zwei Fuhren, zusammen vier Tonnen, das gibt getrocknet eine Tonne, die er für 200 Mark an Setalg verkauft, die Algenmehlfabrik in Pleubian. Algenmehl kommt ins Tierfutter und als Dünger auf die Felder.

Das Aufladen der Algen ist nur der Anfang der Arbeit, was dann kommt, das Trocknen, ist schwieriger. Bei gutem Wetter bleiben die Algen ausgebreitet vier Tage lang liegen. Ab und zu werden sie gewendet. Sind sie angetrocknet, trocknen sie, zu kleinen Hügeln gehäuft, noch eine gute Woche nach. Wenn es regnet, ist das schlecht. Und in der Bretagne regnet es.

Aber Patrice Taupin kennt auch Paris, das heißt die Fließbänder in den Vororten. Wenn ihm das Wort Arbeitslosigkeit wieder einfällt, schaut er auf Algenfelder mit dunklen Steinen und rosa Felsen, wo die Kormorane sitzen, auf Siele und den Leuchtturm St. Vierge und die weißen Segelboote, die dahinter vorbeiziehen. Sein Chef ist das Meer; hier hat er Arbeit, wann er will. Sein Traktor mit dem BMW-Motor ist seine Sicherheit. Patrice Taupin fährt sich mit der Hand durch die verschwitzten roten Haare, springt auf den Fahrersitz und zündet sich ein Gauloise légère an. Er legt den ersten Gang ein und fährt davon: ein hohes Mammut, das durch eine steinerne Mondlandschaft stampft.

Von der Zeit der Silberfischchen

Im siebenunddreißigsten Jahr ihres Lebens fragte sich die Bibliothekarin Silvia Elfenbein, was denn die Zeit sei. Sie nahm den Horaz zur Hand, ein Rarum der Abteilung Klassisches Altertum. Hier waren in barocker Übersetzung die gehämmerten Verse aufgehoben, die dem menschlichen Geist, war er erst in die dichterische Form gegossen, triumphale Ewigkeit versprachen. Horaz hatte sie an sich selbst gerichtet, auch einfachen Sterblichen zum Trost.
Doch schon beim Durchblättern des mürben Buches merkte die Bibliothekarin, dass etwas nicht stimmte. Die Ränder mancher Seiten waren ausgefranst, das Schriftbild wies Unregelmäßigkeiten auf, und als sie die gesuchte Stelle fand, las sie:

An sich selbst
Ich hab ein Werk vollbracht,
dem Erz nicht zu vergleichen
Dem die Pyramiden an Höhe müssen weichen,
Das keines Regens Macht,
kein starker Nordwind nicht
Noch Folge vieler Jahr...

Hier brach der Text ab. Die folgenden Worte waren nicht mehr zu entziffern, vielmehr fanden sich an ihrer Stelle Schabespuren, als habe einer etwas ausradieren wollen, auch Papierverletzungen wie von einem ätzenden Stoff. Statt der Worte »und Flucht der Zeit zerbricht«, statt des Aufbäumens »Ich kann gar nicht vergehn, man wird mich rufen hören« – sie liebte diese Verse – war die Stelle nun stumm, stumm wie blass marmoriertes Papier.
Silvia Elfenbein klappte das Buch vorsichtig zu. Sie sah

auf die Uhr, es war kurz vor Dienstschluss. Dies Werk sollte, bevor sie es noch vergaß, zum Restaurator.

Im Verborgenen des Historischen Lesesaals unterdessen, unter der alten Fußbodenleiste, die zur purpurnen Stofftapete nicht mehr fugenlos abschloss, streckte ein flügelloses Urinsekt seine Fadenfühler aus. Bald würde es dunkel sein. Auf den Tischen waren die Leselampen schon ausgeknipst worden, auf dem Parkett verhallten Schritte, zwischen den halb zugezogenen Vorhängen der hohen Fenster kündigte ein gewittriges Indigo das Ende eines heißen Maientages an. Das flügellose Urinsekt hebt seine Kiefertaster, wiegt suchend seine fast körperlangen zartborstigen Fadenfühler nach rechts und nach links, wiederholt diese Bewegung mit den ersten drei Brustringen, setzt die sechs dickschenkligen Beinchen nach und findet unter Einsatz seiner in Krallen auslaufenden Füße einen sicheren Halt. Schließlich erreicht das ganze Tier behend mit einer schlängelnden Bewegung der zehn Leibes- und Afterkettenglieder die Höhe der Fußleiste. Mit den Kopffühlern und den drei ebenso langen Schwanzanhängen balanciert es sich auf dem Grat des Holzes aus. Sein Kopf bleibt leicht gesenkt. Was es nun sieht, muss ihm vertraut scheinen, auch wenn es mit seinen zwei Häuflein einfacher Augen die Tiefe der Bibliothek, die vor ihm liegt, nicht ganz ermessen kann. So wittert es in eine dunkle Weite. Es ist nun sehr still.

Silvia Elfenbein war nach einem kurzen Blick in den Flurspiegel schnell hinunter zu den Magazinen gelaufen, wo Georg Sobota, Jungrestaurator im Praktikum, nach Feierabend noch seine Sachen in der Werkstatt zusammenpackte. Der aufgrund von Sparmaßnahmen nur improvisiert eingerichtete Raum roch nach Kleb-

stoff und künstlicher Belüftung. Georg Sobota steckte sich einen liegen gebliebenen Apfel in die Jackentasche, als ihm die Bibliothekarin das alte Bändchen entgegenhielt. Der Restaurator sah das Leder, den rauhen Goldschnitt, die Lettern auf dem gebrochenen Rücken und freute sich: »Ah, Horaz.« – »Löcher und Abschabungen«, erwiderte sie. Ihre Blicke trafen sich. »Silberfischchenbefall«, meinte er.
Silvia Elfenbein erschrak. Der Name des Ungeziefers war ihr nicht fremd. Das Silberfischchen, Lepisma saccharina, wegen seiner Vorliebe für stärkehaltige Nahrung auch »Zuckergast« genannt, gehört seit der Antike, lange vor der biologischen Klassifizierung durch Carl von Linné, zu den bekanntesten und gefürchtetsten Bücherschädlingen. Und doch schien es ihr, als stehe sein Name jetzt in einer neuen giftigen Dringlichkeit im Raum. Das Tier hatte Horaz gefressen. Unnötig, dass der Herr Sobota nun pfadfinderfrisch anfügte: »Kennen Sie Robert Hooke, ›Micrographia‹, 1665? Steht auch bei den Rara. Großartiger Naturforscher und aufrichtiger Verehrer der kleinen silberscheinenden Motte. Er hat sie respektvoll ›Zahn der Zeit‹ genannt.« Zahn der Zeit, dachte Silvia Elfenbein, das war es wohl. Und als habe dieser Praktikant an einem Maienabend nichts anderes zu tun als über Ungeziefer zu reden, hob er mit ausladender Geste an: »Wissen Sie eigentlich, wie alt es ist? Wissen Sie, dass es zu den flügellosen Urinsekten gehört, zu den Apterygota, jener zweiten Gruppe, die zusammen mit der anderen, zugegeben größeren, den Pterygota, den Fluginsekten, erst die Gesamtklasse der Insekten darstellt? Die Apterygota aber sind viel älter, lebende Fossilien, Urtiere auf dem Planeten, resistent, anpassungsfähig, weltweit verbreitet.«
»Wahre Kosmopoliten also«, zischte die Bibliothekarin

spitz, was die Begeisterung Herrn Sobotas aber geradezu steigerte: »Ja natürlich, Kosmopoliten. Von den über 270 Arten der Fischchen, Zygentoma, leben in unseren Breiten nur das uns gut bekannte Silberfischchen und das Ofenfischchen, das gerne in warmen Backstuben wohnt, und das Ameisenfischchen, das eine Lebensgemeinschaft mit der europäischen Waldameise eingegangen ist.«

Hier lächelte Herr Sobota und fuhr sanft fort: »Von den 3500 Arten der Springschwänze, Collembola – jedes Jahr werden neue Arten entdeckt – halten sich einige in den antarktischen Gletschern auf, andere wiederum ziehen die Sahara vor. Oder« – jetzt sah er die Bibliothekarin prüfend an – »haben Sie einen Garten?« Und als diese nur irritiert nickte, holte er aus. »Sehen Sie, und da sind Sie sich vielleicht nicht bewusst, dass Sie, wenn Sie einen Quadratmeter Erde umgraben, leicht 50 000 bis 400 000 Springschwänze auf der Schaufel haben.« Die Bibliothekarin schluckte. »Nun, zugegeben, das sind winzig kleine Tierchen mit winzig kleinen Sprunggabeln unter den zarten Leibern, die sie bei Gefahr ausklappen können, um dann mit ihnen weit davonzuschnellen, auf denkbar allen Oberflächen, auch auf Wasser.«

Georg Sobota schwieg, als wolle er einen Moment prüfen, ob seine Rede Eindruck gemacht hatte: »Schauen Sie, was für ein Aufhebens von den Dinosauriern gemacht wird, einer entwicklungsgeschichtlich ziemlich erfolglosen Spezies. Wenn ich dagegen an die transparenten Doppelschwänze denke, Diplura, weltweit 500 Arten, wie sie unbeirrbar und zart durch Moder und Mulch alter Bäume sich fressen, oder die weißlichen Beintaster, Protura, zähe fragile Erscheinungen, die ihre Vorderbeine als Fühler hoch über den Kopf stülpen, immerhin auch 140 Arten. Oder denken

Sie an die Felsenspringer, Archaeognatha, 250 Arten. Neben den Fischchen die größten flügellosen Urinsekten. Da leben sie unerkannt an Meeresklippen und Steinbrüchen, suchen nach Algen oder Kleinteiligem, kauen und springen mit ihren langen schlanken Beinen, die ihnen so leicht abbrechen, weil sie auch ebenso leicht wieder nachwachsen. Wunderbar! Kaum ein Naturfreund kennt diese Urtiere, die ihr Leben mit uns teilen; die Apterygota sind ein junges Studiengebiet für wenige Spezialisten.« Hier musste er innehalten, da er deutlich spürte, wie sich der Blick von Frau Elfenbein auf einen Punkt seines Nasenrückens verdichtet hatte. Da sie aber weiterhin schwieg, gab er nicht auf. »Wissen Sie, wie alt sie sind?« Bei diesen Worten legte die Bibliothekarin mit einer trockenen Geste das Buch auf den Tisch. Das, entgegnete sie, wisse sie wohl. Und war schon, ein schönes Wochenende wünschend, in den langen Gang der Magazine eingebogen. Hinter sich hörte sie die Stimme eines verdutzten Restaurators: »Nicht Sie, die Fischchen, die Silberfischchen! Dreihundert, hören Sie, wahrscheinlich aber vierhundert Millionen Jahre!«

Auf dem malzbraunen Parkett des Historischen Lesesaals sieht ein flügelloses Urinsekt ein zweites flügelloses Urinsekt. Beide heben ihre Fadenfühler. Sie beginnen mit ihren sechs Beinchen aufeinander zuzulaufen, doch so, dass zunächst die Fadenfühler links und rechts den Boden abtasten, dann der Oberkörper mit den drei großen Ringen wiegend folgt und den Leib und Hinterkörper mit vier stiftartigen Gliedmaßenfragmenten und den langen schleifenden Afterborsten in Windungen nachzieht. Sie laufen einige Millimeter nach vorn, verharren, um dann, wie nach einem Moment der Besinnung, wieder einige Millimeter weiterzulaufen. Bis sie sich treffen, sich mit den Fühlern betrillern und dann köpfeln. So prüfen sie ihre Zuneigung. Die scheint beiden für eine nächste Stufe des Liebesspiels ausreichend zu sein, denn in Urfisches Weise beginnen sie nun, umeinander herumzulaufen auf dem glatten honigfarbenen Parkett und dabei ihr Interesse an einer Paarung zu verhandeln. Nach menschlicher Zeitrechnung treiben sie das etwa eine halbe Stunde lang. Plötzlich spinnt der männliche Urfisch blitzschnell vor dem weiblichen einige Fäden schräg in die Luft, die er zum einen am goldbraunen Parkett, zum andern an der Fußleiste befestigt, so, als ob er das Fischchen seiner Begierde hinter ein Gitter stellen wollte. Unter die Fäden aber legt er einen Tropfen Silberfischchensamen auf den Boden. Schon versucht die Silberfischchenfrau durch die Fäden hindurchzulaufen, bleibt aber an ihnen hängen, wenn nicht gleich mit den zartborstigen Fadenfühlern, dann aber doch mit den ebenso borstigen Afterfäden, die ihr seitlich vom Körper abstehen. Diese Behinderung muss eine Empfindung bei ihr ausgelöst haben, die sie veranlasst, ihren Hinterleib zu senken und mit ihm den Samentropfen zu suchen und aufzunehmen. Es gelingt blitzschnell.

Später wird sie ihre Eier in Ritzen ablegen und nicht weiter beachten; denn aus ihnen werden Silberfischchen schlüpfen, die keine Mutter brauchen und von Anfang an die Gestalt der Erwachsenen haben: den unvergleichlich zarten Panzer, bepudert mit winzigen Schuppen wie die Flügel der Schmetterlinge, glänzend, je nach Licht, in der Farbe von Silber, Blei oder Perlmutt. Nach etwa 12 Monaten werden die weiblichen von ihnen selbst wieder Eier legen können. Und so werden weitere Silberfischchengenerationen, vom Menschen nicht erkannt, hinter Fußleisten, Tapeten,

Teppichen in feuchten Winkeln und warmen Ecken ihren Lebensdingen nachgehen, sich etwa zehnmal im Jahr häutend, ihre Lebensjahre lang, zwei, drei, auch fünf, niemand weiß das so genau.

Silvia Elfenbein drehte sich nicht um. »Millionen, Milliarden und abermals Milliarden von Jahren«, rief sie spöttisch über die Schulter zurück. »Nein, nur drei- oder vierhundert Millionen, wie ich sagte, aber das ist doch auch was.« Sie hörte, dass er ihr nachlief. »Aber stellen Sie sich vor, was seine Art alles überlebt hat: die letzten Eiszeiten und die Zwischenzeiten, da das Eis wieder schmolz« – er kam näher – »die Menschwerdung hoch entwickelter Säugetiere, die Faltung der Alpen, denken Sie, selbst die Entwicklung der Vögel.« Er hatte sie eingeholt und hüpfte nun, da der Gang sehr schmal war, im Seitschritt neben ihr her, dabei unablässig weiterredend. »Und noch viel mehr, noch viel weiter zurück: das Silberfischchen war lange vor der Schnecke, vor der Dominanz der Ammoniten und riffbildenden Schwämme, lange bevor der Ichthyosaurier durch marine Wälder zog und noch vor dem Flug des Urvogels Archäopteryx und auch vor der Zeit, da die Seelilie sich neigte. Es war da vor dem Dasein der Muscheln.« Der Restaurator strahlte sie an und blieb stehen. Silvia Elfenbein lehnte sich an das Geländer des Treppenschachts und lauschte mit gekreuzten Beinen dem Ende der Geschichte. »Zu der Zeit, da die Kopffüßer die Meere durchzogen und an Land Farn und Schachtelhalm wogten und der Bärlapp wuchs, damals im mittleren Paläozoikum entwickelte sich das Leben des Silberfischchens, ein Landwesen, das in seiner schlängelnden Bewegung aber tatsächlich noch an die Zeit der Fische erinnert.«
Sie waren die Letzten, die die Bibliothek verließen,

selbst die Putzkolonne war schon ins Wochenende aufgebrochen. »Das Geheimnis seines Erfolges ist wahrscheinlich, dass es im Verborgenen lebt. Was wir über es wissen, kennen wir aus Züchtungen, unmöglich, dieses Tier sozusagen in freier Wildbahn zu beobachten. Es ist lichtscheu, schnell und völlig lautlos. Es hinterlässt weder Kotspuren noch Fressreste. Natürliche Feinde dürfte es nicht haben, und mit dem Menschen lebt es in diskreter Wohngemeinschaft.« Draußen hatte es geregnet, und auf der Straße schlug ihnen der Wind den feuchten Geruch von Flieder entgegen. »Gut, es frisst Bücher. Und seit es Bücher gibt, gibt es Mittel gegen Silberfischchen: Zedernöl und Zitronenaroma und heute Entwesungskammern. Auf die Dauer sinnlos. Uns Menschen stört es ja nicht direkt. Es beißt nicht, zirpt oder piepst nicht herum, bleibt nirgendwo kleben. Es überträgt keine Seuchen und Plagen, es sucht allein die Wärme der menschlichen Wohnung. Haben Sie ein Badezimmer?« Georg Sobota redete weiter, bevor Silvia Elfenbein das ganze Ausmaß der Frage erfassen konnte. »Dann kennen Sie doch dieses silberne Huschen nachts, wenn wir plötzlich das Licht anknipsen. Was ist das für uns dann mehr als das Nachblitzen eines Traumgespinstes oder doch das unglaubliche Zitat der vorzeitlichen Weltmeere, aus denen dieses Urtier in unsere gekachelte Zivilisation kam? Es hat den Aufstieg und Fall der Dinosaurier hinter sich gelassen, es wird auch unser menschliches Intermezzo in der Evolution überstehen.« »400 Millionen Jahre«, dachte Silvia Elfenbein, »und ein silbernes Verschwinden.« Und wie sie so an der Seite des zwitschernden Herrn Sobota weiterging, schien ihr vernachlässigbar, was der Dichter Horaz als irdischen Trost anbot. Zumindest im Augenblick waren ihr Alter und Zeit und Ewigkeit egal.

Bibliographische Notiz

Die Texte des vorliegenden Bandes sind – oftmals unter anderem Titel – in verschiedenen deutschen und Schweizer Zeitungen und Magazinen erschienen. Sie wurden für die Buchfassung überarbeitet, viele können erstmals ungekürzt gedruckt werden.

Vom Luxus, nicht erreichbar zu sein (Neue Zürcher Zeitung, folio Nr. 7, Juli 1998);
Galaxie und Gnade (Neue Zürcher Zeitung, folio Nr. 12, Dezember 1998);
Sehen mit dem Hundesinn (NZZ, Zeitbilder, 5./6. Februar 2000);
Orangenpapierchen (Das Magazin Nr. 51, 1995);
Die Buchstaben des Unsichtbaren (NZZ, 2. August 1999);
Vom Geist der Glocken (NZZ, 15. Mai 1999);
Im Bellevue Palace der Zimmermädchen (du, Nr. 8, August 1998);
Der Teppichboden (NZZ, 14. Oktober 1997);
Das Abendmahl. Ein postmodernes Familien-Triptychon (du, April 1999);
Die Angst (Literaturblatt für Baden-Württemberg, 3/1999);
Beninesische Balancen (du, Doppelheft Nr. 12/1, Dezember 1995 / Januar 1996);
Ana Blandiana. Engel können nicht verbrennen (NZZ, 18. April 2000);
Lenka Reinerová. Simultanes Prag (Merian, Oktober 1998);
Annemarie Schwarzenbach. Der verödete Engel (Süddeutscher Rundfunk, 1. November 1998);
Arnold Kübler. Im Augenblick des Du (NZZ, 13. September 1997);
Gebrüder Enzensberger. Die guten bösen Buben (du, September 1999);
Die fremden Köpfe der Bali Aga (geht auf zwei Texte zurück: Merian, September 1997; und NZZ, 27. April 1998);
Mani. Lakonische Erkundungen (Frankfurter Rundschau, Zeit und Bild, 22. Januar 2000);
Stille Tage in Alagna (Merian, September 1999);
Nera Verzasca. Hommage an eine schwarze Ziege (Das Magazin Nr. 1, 1998);
Bretonischer Algenzauber (GEO Nr. 9, September 1994);
Von der Zeit der Silberfischchen (Das Magazin Nr. 44, 1995).

Letzte Nachrichten für Silberfischchen und andere Leser

Man muss nicht immer *Horaz* lesen. Selbst wenn dort – immer vorausgesetzt, die Silberfischchen sind nicht schon schneller gewesen *(s. o. S. 227)* – so schöne Leitverse stehen, die für die beständigeren Bücher gelten: »*Ich kann gar nicht vergehn, man wird mich rufen hören.*« Im Zeichen der Libelle nicht so schnell vergehen werden zum Beispiel:

Angelika Overath
Händler der verlorenen Farben
Wahre Geschichten
176 S., schöne engl. Broschur,
mit einem Umschlagbild von Matthias Holländer
ISBN 3-909081-11-8

Katrin Seebacher
Morgen oder Abend
Roman, 316 Seiten, Leinen,
mit einem Umschlagbild von Matthias Holländer
ISBN 3-909081-76-2

Yasmina Reza
»KUNST«
Komödie
Aus dem Französischen von Eugen Helmlé
72 Seiten, büttenkartoniert
ISBN 3-909081-77-0

Yasmina Reza
Drei Mal Leben
Komödie
Aus dem Französischen von Eugen Helmlé
80 S., büttenkartoniert
ISBN 3-909081-87-8

Eric-Emmanuel Schmitt
Enigma
Aus dem Französischen von Annette und Paul Bäcker
ISBN 3-909081-06-1

Eric-Emmanuel Schmitt
Gesammelte Stücke
Frédérick oder Boulevard des Verbrechens /
Enigma / Der Besucher / Der Freigeist
384 S., geb.
ISBN 3-909081-04-5

Hermann Kinder
Kina Kina
176 S., geb., Umschlagbild aus Shanghai
ISBN 3-909081-20-7

Hermann Kinder
Himmelhohes Krähengeschrei
Drei Tage auf dem Jakobsweg, beginnend am Bodensee,
weit vor Compostela endend mit dem Versuch,
rasch das Glück zu packen
136 S., geb., mit einem Titelbild von Walter Matysiak
ISBN 3-909081-21-5

Wir verlegen aber auch ältere AutorInnen. Natürlich keine, die auf so ehrwürdige Epochen zurückblicken könnten wie unsere diskreten WG-Genossen, die Silberfischchen.
Aber wenn Sie sich für *Emma Herwegh (1817–1904)* und ihre Geschichte der deutschen demokratischen Legion interessieren oder für jenen historischen Roman, von dem Theodor Fontane gesagt hat: »›Ekkehard‹ gehört zu den besten Büchern, die ich gelesen habe«, also: *Joseph Victor von Scheffel (1826–1886)*, oder die Erzählungen aus dem alemannischen Landjudentum von *Jacob Picard (1883–1967)* oder die literarische Bewältigung einer Kindheit am Schweizer Ufer des Bodensees durch *Otto Frei (1924–1990)...*

...dann gäbe es einen *reichhaltigen Gesamtprospekt*
mit dem ganzen schönen Rest zwischen
zeitgenössischem Kriminalroman, pädagogischem Sachbuch,
Geschichte und Wissenschaftssatiren.

Im Netz unter *www.libelle.ch*

Auf haltbarem Papier auch per Briefmarkenpost direkt von:

Libelle ⅋ Sternengarten 6, CH-8574 Lengwil

Dies ist schon das zweite Buch von Angelika Overath bei Libelle.
Wir hoffen auf mehr.

Wenn sich jemand fragt, was wohl zu diesem merkwürdigen Buchtitel
»Vom Sekundenglück brennender Papierchen«
geführt haben könnte: *s. o. S. 47.*
Sekundenglück kann als Kontrapunkt verstanden werden
zu manchen ewigkeitsgreifenden Erkundungen in diesem Buch,
zwischen Lichtfigurationen, die schon 10 Milliarden Jahre unterwegs sind
(s. o. S. 22),
oder den Silberfischchen und ihrer womöglich
300 oder 400 Millionen Jahre währenden Familiengeschichte *(s. o. S. 231).*

Der Umschlag entstand unter Verwendung eines Bildes
von Matthias Holländer. Mal abgesehen davon,
dass das Sekundenglück brennender Papierchen
in einer gewissen inneren Verwandtschaft zu Lichtreflexen in Glas stehen:
Die Glasarchitektur, die hier zum Bild gestaltet wurde,
gehörte *(vor ihrem Abriss)* zur Binswanger'schen Klinik in Kreuzlingen,
jenem Ort, an dem Annemarie Schwarzenbach
vielleicht eine Entziehungskur machte
(das könnte bei dem *oben S. 131* zitierten Thomas Mann
in Tagebucheinträgen vermutet werden).
Wer mehr darüber lesen will,
auch über Binswanger und Arnold Kübler *(s. o. S. 142):*
Manfred Bosch
Bohème am Bodensee
Literarisches Leben am See von 1900 bis 1950
ISBN 3-909081-75-4

Zuweilen sucht man am Abend vor dem Gang zur Druckerei
noch die Fundstelle eines Zitats. *Merci,* Roger Perret.

Gestaltet – wie eigentlich immer – by Phlox Art
im Sommer 2000

Gesamtherstellung: Pustet in Regensburg

1 2 3 4 5   06 05 04 03 02 01 00

© 2000 Libelle Verlag • CH-8574 Lengwil
Alle Rechte vorbehalten
ISBN 3-909081-27-4